现代农业经济与管理实务

纪红梅　武瑜春　柳拥军◎著

哈尔滨出版社
HARBIN PUBLISHING HOUSE

图书在版编目（CIP）数据

现代农业经济与管理实务/纪红梅,武瑜春,柳拥军著.—哈尔滨:哈尔滨出版社,2022.9
ISBN 978-7-5484-6752-6

Ⅰ.①现… Ⅱ.①纪… ②武… ③柳… Ⅲ.①农业经济管理 Ⅳ.①F302

中国版本图书馆CIP数据核字(2022)第172585号

书　　名：**现代农业经济与管理实务**

XIANDAI NONGYE JINGJI YU GUANLI SHIWU

作　　者：纪红梅　武瑜春　柳拥军　著

责任编辑：孙　迪　李维娜

封面设计：徐芳芳

出版发行：哈尔滨出版社（Harbin Publishing House）

社　　址：哈尔滨市香坊区泰山路82-9号　邮编：150090

经　　销：全国新华书店

印　　刷：北京四海锦诚印刷技术有限公司

网　　址：www.hrbcbs.com

E - mail：hrbcbs@yeah.net

编辑版权热线：（0451）87900271　87900272

销售热线：（0451）87900202　87900203

开　　本：787mm×1092mm　1/16　印张：12　字数：205千字

版　　次：2023年5月第1版

印　　次：2023年5月第1次印刷

书　　号：ISBN 978-7-5484-6752-6

定　　价：58.00元

前　言

　　农业是社会经济中一个古老的经济组成部分，在我国国民经济中占有极其重要的地位，可以说农业和农村经济能否持续稳定发展已成为制约我国经济体制转轨能否顺利进行的关键所在。马克思说："超过劳动者个人需要的农业劳动生产率，是一切社会的基础。"农业不仅是人们的衣食之源、生存之本，而且对我国国民经济发展具有重要的贡献。农业除了具有经济职能和社会职能外，还具有生态职能，即净化空气、水，防风固沙，保持土壤和动植物种群平衡等职能。这些职能的发挥，给人们提供良好的生产和生活环境。

　　农村建设与发展一直都是我国经济发展和社会建设高度关注的问题。农业经济作为推动农村建设与发展的重要因素，其管理非常重要，农业经济管理将会影响农业经济整体发展及其经济效益水平。本文通过了解农业经济管理基本概况，对当下我国农业经济管理进行分析，根据相关问题提出具有针对性的对策与建议，并简要概述农业经济管理优化的意义，为有关研究提供理论性参考依据，为推动我国农业经济发展提供保障，为实现共同富裕做出贡献。本书重视知识结构的系统性和完整性。在撰写上突出以下特点：第一，内容丰富，详尽，系统，科学。第二，实践操作与理论探讨齐头并进，结构严谨，条理清晰，层次分明，重点突出，通俗易懂，具有较强的科学性、系统性和指导性。

　　在本书的策划和编写过程中，曾参阅了国内外有关的大量文献，从中得到启发；同时也得到了有关领导、同事、朋友及学生的大力支持与帮助。在此致以衷心的感谢！本书的选材和编写还有一些不尽如人意的地方，加上编者理论水平和时间所限，书中难免存在缺点和谬误，敬请同行专家及读者指正，以便进一步完善提高。

目　录

第一章 现代农业经济综述

第一节　农业的概念及重要作用

一、农业的概念

（一）农业的内涵

农业是人类充分利用土地、水分、光照、热量等自然资源和环境条件，依靠生物的生长发育功能并辅以人类劳动以获取物质产品的产业。农业生产的对象是生物体，人类则从中获取动植物产品。但是，受所处历史阶段不同和国家之间国民经济产业划分差异的影响，农业包括的内容、涉及的范围并非完全一致。在早些时候乃至当下，那些社会分工相对滞后的国家，植物栽培业和动物饲养业构成了整个农业。其中，植物栽培业是指人类充分利用光、热、水、空气以及土壤中所富含的各种矿物质成分，借助绿色植物的加工合成功能获取植物性产品的产业，包括种植业、林果业以及园艺花卉业。动物饲养业是指人类将植物产品作为基本饲料，利用动物的生长发育功能与消化合成功能获取各种动物性产品或役用牲畜的产业，由畜牧业和渔业（即水产养殖业）两部分构成。随着社会经济的发展以及人类认知水平的逐步提高，一些发生于农村的非农生产活动都被定义成农业的副业，也包含在农业概念中。

因此，也就出现了狭义农业与广义农业之分。其中，狭义农业主要指种植业，包括粮食作物、经济作物以及果林等的种植；广义农业除了涉及种植业（也称农业），还包括林业、畜牧业、副业和渔业。近年来，随着社会经济的进一步发展以及农业现代化步伐的加快，农业与工商业之间的联系也日趋紧密。为了便于农业经营管理，一些国家把为农业提供生产资料的上游部门以及从事农产品加工、储藏、运输、销售等活动的下游部门也划归

1

到农业部门,由此使得农业的概念更加宽泛。

(二) 农业的本质特征

研究农业内涵不难发现,农业生产不属于简单行为,而是由三个因素共同作用的过程:一是生物有机体,即植物、动物以及微生物必须存在;二是自然环境,如土地、水分、光照、热量等均需满足特定的条件;三是人类劳动,即整个农业生产活动过程均需人类参与。这三个因素相互关联、共同作用,使农业生产具有了自然再生产与经济再生产相交织的根本特性。

1. 农业生产是一种自然再生产过程

农业生产是利用生物有机体的生长发育过程所进行的生产,是生命物质的再延续,因而也是有机体的自然再生产过程。例如,种植业和林业的生产过程也是绿色植物的生长、繁殖过程。在这个过程中,绿色植物通过吸收土壤中的水分、矿物质和空气中的二氧化碳,利用光合作用制造出富含碳水化合物、蛋白质和脂肪等多种营养元素的植物产品。又如,畜牧业和渔业的生产过程也是家畜和鱼类的生长、繁殖过程。在这一过程中,动物以植物或其他动物产品为食,通过新陈代谢功能将其转化为自身所需的营养物质以维持其正常的生命活动,植物性产品由此转化成动物性产品。与此同时,当动植物的残体和动物排泄物进入土壤或者渗入水体之后,经过微生物还原,会再次成为植物生长发育的重要养料来源,由此重新步入生物再生产的循环过程中。总体而言,自然再生产一般通过生物自身的代谢活动而实现,可看作农业再生产的自然基础。

2. 农业生产是一种经济再生产

经济再生产,是指农业生产者在特定的环境下结成一定的生产关系,借助相应的生产工具对动植物进行具体的生产活动,以获取所需要的农产品。它是农业生产者遵循自然规律以生物体自身的代谢活动为基础,为了满足人类的需要而通过劳动对自然再生产进行作用与指导的过程。在这个过程中,所获取的农产品除了可供生产者自身消费之外,也可作为生产资料进入下一个农业生产环节,还可通过物质交换获取生产者所需的其他消费品和生产资料。

3. 农业生产是自然再生产与经济再生产相交织的过程

单纯的自然再生产是生物有机体与自然环境之间的物质、能量交换过程,如果缺少人类劳动参与,它就是自然界的生态循环而非农业生产。而经济再生产过程则是农业生产者对自然再生产过程进行有意识的干预,通过劳动改变动植物的生长发育过程和条件,从中获取自身所需动植物产品的过程。因此，此类干预不仅要符合动植物生长发育的自然规律，还必须与社会经济再生产的客观规律保持一致。

（三）农业的具体特征

由于农业生产中的自然再生产与经济再生产相互交织且密不可分，由此派生出了农业区别于工业和其他物质生产部门的若干特点，分别是：

1. 土地是农业生产最基本且无法替代的生产资料

农业生产离不开土地资源，农业活动则是人类利用土地对动植物发生作用。农业用地通常又称为农用地，是指直接或间接为农业生产所利用的土地，一般包括耕地、园地、林地、牧草地、养捕水面、农田水利设施用地、其他农业基础设施建设占用地等。农用土地所具有的特殊自然属性和经济属性，如数量的有限性、位置的固定性、质量的差异性、肥力的可变性、效用的持续性、使用的选择性、收益的级差性等，要求农业生产者在今后利用农业用地过程中应更为注重集约经营、合理布局等。

2. 农产品是人类最基本的物质生活资料

随着社会经济的不断发展以及人民收入水平的逐步提升，人们的消费水平也在不断提高，衣、食、住、行等各个方面均发生了巨大变化，越来越多的加工制成品进入人们的日常消费领域。尽管如此，人们生活所需的粮、棉、油、肉、蛋、奶、果、茶、菜等基本农产品仍需农业来提供。它们是人们生活中不可或缺的物质生活资料，在未来的发展中除了需要追求数量的增加之外，还需注重产品结构的优化与产品质量的改进，否则会制约人类的生存和发展。

3. 农业生产的主要对象是有生命的动植物，具有周期性和季节性特点

动物和植物是农业生产的主要对象，与工业品相比，具有生命是其最显著的特点。人们的生产劳动需通过动植物自身的生长发育过程而起作用，而劳动成果则需通过动植物生命的终结来获取。与此同时，农业生产在其时间分配上还具有特殊性，大多数活动都需按季节顺序进行，并存在一定的变化周期，即农业生产具有周期性和季节性的特点。究其原因，主要是动植物的生长发育通常存在一定规律，并且受自然因素影响，而自然因素又随季节而变化且呈现出周期性特征。因此，生产者应认识和遵循动植物的生命活动规律，按其生命活动周期开展农业生产活动，比如因地制宜、不违农时、按季播种。

4. 农业生产具有分散性和地域性

由于农业生产活动主要在土地上进行，而农用土地的位置较为固定且分布相对零散，

从而使得农业生产在空间上呈现出分散性特点。与此同时，农业生产还具有明显的地域差异，不同地区的产业结构、所生产的品种和数量都会不同。主要原因在于，不同生物生长发育所需要的热量、光照、水分、土壤等自然条件通常存在差异，且世界各地自然条件、社会经济条件和国家政策也存在地域差别。目前，全球已形成了多种农业地域类型，如商品谷物农业、乳畜业、热带雨林迁徙农业等。农业生产的地域性特征要求农业生产者在实践中要因地制宜。

5. 农业生产时间与劳动时间存在非一致性

农业生产时间是指农业自然生产全过程所需要的时间，其长短通常受两方面因素影响，一是生物自身生命活动规律与周期的约束，二是自然资源环境条件的制约。农业劳动时间是指人类根据动植物生长发育的实际需要所投入的劳动时间，而农业自然再生产的特殊性，使得农业劳动投入通常具有间断性和季节性的特点，由此导致农业生产时间与劳动时间产生了非一致性，即动植物在生长发育过程中有时无须人类劳动，其生命活动过程也照常进行。由于二者的不一致，还衍生出了其他一些显著特点，如农业生产资料使用的季节性、农产品获取的间断性以及农业资金收支的阶段性、非平衡性。

6. 农业生产通常面临自然和市场的双重风险

绝大多数农业生产活动都是在自然环境中进行，但自然环境通常面临诸多不可控因素，比如水旱灾害、病虫害、动物疫情、森林火灾、有害生物入侵等，由此导致农业生产活动经常面临极大的自然风险。同时，农业生产周期一般较长，在缺少外力的条件下其按季播种、按季收获的规律难以改变，这也使得农产品供给的弹性较小，通常很难依据市场的变化及时调整生产结构或者改变生产规模。农产品特殊的生物学特性，对加工、贮藏、运输以及销售等环节均有着较高的要求。这些不确定性使得农业生产经营不仅具有自然风险，还面临着较大的市场风险。

二、农业的地位和作用

作为最古老的物质生产部门，农业一直都是国民经济的基础，在国民经济中占有重要的地位，其基础性地位是历史发展的客观必然，不以人类意志为转移；同时，农业在推进国民经济发展上也具有独特作用。

（一）农业是国民经济的基础

农业的基础性地位主要表现在以下三个方面。

1. 农业是为人类提供生存必需品的物质生产部门

食物是维持人类生存最基本的生活资料，而它是由农业生产的动植物产品（准确地说，还包含微生物）来提供。迄今为止，利用工业方法合成食物的前景依旧遥远，可能永远也不会成为食物供给最主要的途径。因此，我们可以大胆揣测，不论是过去、现在还是将来，农业都是人类的衣食之源和生存之本。

2. 农业是国民经济其他物质生产部门赖以独立和进一步发展的基础

通常情况下，只有当农业生产者所提供的剩余产品较多时，其他经济部门才能独立，并安心从事工业、商业等其他经济活动。

在古代，农业是整个社会的决定性生产部门，为了生存，几乎所有劳动者都从事农业生产，基本不存在社会分工；后来，随着农业生产力的不断发展，农业生产效率得到了极大提升，农业剩余产品快速增加，社会将日益增加的劳动力从农业生产中逐步分离出来，由此形成了人类社会的第一次、第二次和第三次大分工，该过程不仅实现了农业产业内部种养殖业的分离，还有力地促进了工业、商业和其他产业的有效分离，进而相继成为独立的国民经济部门。

3. 农业的基础性地位论断是普遍适用于各国且能长期发挥作用的规律

农业产值和劳动力占国民经济的比重逐年下降，这是世界各国在经济发展进程中所遇到的普遍规律。但是，无论是在农业所占比重较大的国家，还是比重较小甚至农业相对匮乏的国家，农业的基础性地位论断这一规律都将发挥作用。假如一个国家的农业生产无法满足本国经济发展需要，就必须依赖于其他国家，即以外国的农业为基础，这从长期来看，显然不利于该国的发展。

（二）农业是国民经济发展的重要推动力

农业对国民经济发展具有重要的推动作用，其贡献可以通过四种形式体现，分别是产品贡献、要素贡献、市场贡献和外汇贡献。

1. 产品贡献

食品是人们生活最基本的必需品，而农业则为包括非农产业部门从业人员在内的全体民众提供了食品。一般而言，只有当农业从业者所生产的农产品满足自身需求且有剩余时，其他国民经济生产部门才能顺利发展。从理论上讲，可以通过进口缓解国内食品的供给不足，但在实际中大量进口食品会受到政治、社会和经济等多重因素的制约，甚至会让一个国家面临风险并陷入困境中。因此，我国未来农业的发展之路必然是依靠本国农业满足广大消费者对食品日益增长的需求。除了食品贡献之外，农业还为工业尤其是轻工业提供了重要的原料来源，从而为推进我国工业化进程发挥了重要作用。我国是发展中国家，大力发展以农业为原料的加工业可以充分发挥我国的比较优势，有助于工业化进程的加快和国民收入的增加。此外，农业的产品贡献还表现在对国民经济增长的促进上，由于农产品尤其是谷物产品的需求收入弹性要小于非农产品，民众收入的增加通常意味着其用于食品消费的支出比重会不断下降，进而导致国民经济中农业的产值份额随之下降。同时，以农产品为原料进行生产的工业品的需求弹性一般大于原料本身的收入弹性，这样使得农业的重要性相对提高，对国民经济发展的促进作用增大。

2. 要素贡献

其含义是指农业部门的生产要素转移到非农产业部门并推动其发展。主要表现在以下三个方面。

（1）土地要素贡献

国民经济其他产业部门的发展通常需要农业部门释放和转移更多的土地资源作为其生产和活动的场所，比如城区范围的扩大、道路交通的修建、工矿企业的建设等。一般而言，非农产业对土地的需求是社会经济发展的必然，其所需土地大多位于城郊或者农业较发达的地区。从回报来看，农地非农化会使农民收益增加，对于他们而言无疑是理性选择。但从整个国家和社会层面来看，市场机制的过度自由发挥将不利于农业乃至整个国民经济的持续健康发展。因为农地资源属于稀缺性资源，供给相对有限且具有不可替代性，其规模的减少必然不利于农产品的有效供给和社会的长治久安。因此，在满足非农产业发展建设用地需求的同时，也要适当进行宏观调控。

（2）劳动力要素贡献

在人类社会发展的初期，农业是唯一的生产部门，几乎所有的劳动力都集中在农业生产领域。随着社会经济的不断发展，农业生产率得到了极大提高，其对劳动力的需求开始下降，由此出现了农业劳动力剩余，他们可以向其他非农产业部门转移，从而为非农产业的快速发展提供必要的生产要素，并创造最基本的生产条件。由此可见，农业是非农产业部门重要的劳动力来源渠道，为它们的形成和发展做出了巨大贡献。

（3）资本要素贡献

在经济发展的初级阶段，农业是最主要的物质生产部门，而工业等其他新生产业部门起点相对较低、基础薄弱，基本无资本积累能力。在这个阶段，农业不仅要为自身发展积累资金，还需为工业等其他产业部门积累资金。由此可见，国家早期的工业化以及新生产业的资本原始积累主要依赖于农业，农业为国家的工业化进程提供了重要的资本要素。随着社会经济的进一步发展，非农产业部门凭借着较快的技术进步以及自然资源的使用不受约束等得天独厚的优势，使得其资本报酬远高于农业部门，在该情形下要素的趋利流动规律又促使农业资本流向非农产业部门，再一次为非农产业的发展做出资本贡献。与此同时，鉴于非农产品的需求收入弹性要大于农产品的需求收入弹性，政府部门也倾向于将农业资本增量投向非农产业部门，通常政府会通过行政手段实现资本的转移。

3. 市场贡献

农业对国民经济的市场贡献主要通过两个维度来体现：一方面，农民作为卖者，可以为市场提供各类农产品，以满足社会对粮食、肉类、蔬菜及其他一切农产品日益增长的需求。作为消费市场的重要组成部分，农产品市场的丰裕程度是衡量一个国家或地区市场经济是否繁荣的重要指标。农产品市场供给充足，流通量增加，不但可以促进相关运销业的发展，还有利于降低社会消费成本，进而促进农产品市场体系的日趋完善以及农业要素市场体系的成熟发展。另一方面，农民作为买者，还是各类工业品的购买者，以满足自身生产与生活的需要。如以化肥、农药、农膜、机械、电力、能源等工业品为代表的农业投入品，和以服装、家具、家用电器、日常用品、耐用消费品等工业品为代表的农民生活用品。农村是工业品的基本市场，随着农业现代化步伐的加快以及农民生活水平的不断提高，农村对农用工业品以及相关的生产生活资料的需求将会日益增加，这就为未来工业提供了较为广阔的市场。

4. 外汇贡献

农业的外汇贡献一般通过两种方式实现：一是直接形式，通过出口农产品为国家赚取外汇；二是间接形式，通过生产进口农产品的替代产品，达到减少外汇支出的目的，从而为国家平衡国际收支做出贡献。在国民经济发展的初级阶段，农业外汇通常发挥着极为重要的作用。这是因为此时由于工业基础薄弱、科学技术较为落后，厂家所生产出的工业品一般不具备出口创汇能力。同时，为了加快推进国家工业化进程，又急需从发达国家购买先进的技术、机械设备和各类原材料，由此导致了外汇需求量的增加。为了解决外汇不足的问题，在国际上具有一定比较优势的农业部门必然需要在出口创汇中发挥重要作用，农副产品及其加工品的出口直接为国家换取了大量的外汇。如果缺少农业的支持，大多数发展中国家的工业化进程会滞缓。随着社会经济的不断发展，独立、完整的工业化体系逐步形成，此时，农业外汇的贡献份额一般会下降。究其原因，主要是工业的壮大使其产品出口创汇能力不断增强，并逐步成为国民经济出口创汇的主导力量。农业外汇贡献份额的下降并不意味着其外汇贡献的消失，事实上，农业出口创汇的绝对量甚至还有可能增加。

三、农业的功能

农业在国民经济发展中除了能为人们提供生活所必需的食物等多种商品之外，同时还具有其他非商品产出功能，而这些功能所形成的有形或者无形价值一般不能通过市场交易和产品价格来体现。具体而言，农业所具有的非商品产出功能主要包括社会稳定功能、生态环境功能、粮食安全功能以及经济文化功能。

（一）社会稳定功能

农业问题与社会稳定之间存在着较为密切的关系，主要体现在四个方面：其一，农业是社会稳定的基本前提。农业稳定发展一方面可以为社会提供充足的农产品，以满足人们最基本的日常生活需求；另一方面还能使人们生活安定，安居乐业。其二，国家能否自立自强在很大程度上由其农业发展水平决定。如果一个国家无法保障其主要农产品（粮食）的基本自给，而主要依赖于进口，不仅会对全球农产品市场造成巨大压力，而且也难以立于世界强国之林；一旦国际局势发生变化就会受制于人，甚至国家安全也会受到危害。其三，社会稳定在于农村，农村稳定在于农业。我国农村人口比重偏高，由于农业具有典型的地域分布特点，除了能为农民提供谋生手段和就业机会之外，还为他们提供了生活与社交的基本场所，从而确保了社会的稳定。其四，农业土地资源在发展中国家具有重要的社会福利保障功能。对于发展中国家而言，其社会福利保障体系尚不健全，贫困人口数量较多且绝大多数分布在农村。在这种情况下，拥有土地的农民通过农业生产活动，可以获得最基本的生活保障，从而实现对社会保障的替代作用。

（二）生态环境功能

农业生产活动与自然生态环境密不可分，农业生产及其相关土地的利用会对生态环境产生有利或者不利的影响。良好的自然生态环境有利于动植物的生长发育，同时还可降低农业生产遭受自然灾害破坏的风险。人们如果能合理地利用自然资源进行农业生产，可以为农业自身和人类社会共同营造良好的生态环境。例如，通过农作物的光合作用吸碳增氧，利用植树造林防风固沙、防止水土流失和土地荒漠化、改善气候并减少温室气体排放，通过微生物的作用实现工业废弃物、畜禽粪便以及生活垃圾的能源化（沼气）利用，发展循环农业实现多种产品的资源化再利用和温室气体的减排，通过作物轮作和肥料施用实现生物量和养分固定量的增加等。有时，农业对自然生态环境也具有一定的负面影响，主要是由农用化学品、农田灌溉和机械耕作的过量投入所致，具体包括化学品污染、水土流失、种植系统多样性消失、土壤结构破坏、动物栖息地大量减少等。一般而言，农业对生态环境的影响呈现差异化的地域性特征，比如吸碳减排效应具有全球性影响，而河流污染仅具有区域性影响。另外，以自然物种灭绝为代表的某些生态环境影响甚至还具有不可逆性。

（三）粮食安全功能

联合国粮食及农业组织（简称粮农组织）对粮食安全进行了概念界定，其含义是所有人无论在何时均有足够的经济能力获取满足自身所需的安全卫生且富有营养的食品，从而达到健康生活对食品的需要及偏好。粮食安全通常由四个要素构成，分别是充足的供给，供给的稳定性，粮食的可获取性以及食物的卫生安全、质量和偏好。一般通过三种方式实现粮食安全：一是完全依靠自己生产，即自给自足；二是完全依赖进口；三是自我供给与对外进口有机结合。通常而言，开放贸易有助于全球农产品市场的稳定，它所产生的贸易利益能极大地提高人们的收入水平和购买能力，从而确保国家的粮食安全。该结论满足的前提是，在开放贸易实施之后，所有国家都为稳定世界农产品市场做出了贡献。同时，那些严重依赖粮食进口的国家却极为担心未来国际农产品市场的演变动态。在这种情形下，一个国家的农业除了需要保障粮食供给之外，还应具备一些特定的非商品功能，比如保证足够的粮食自给水平、减少对国际市场过度依赖的担忧、增强粮食安全的保障性、确保国家宏观战略的实现等。对于那些粮食自身供给严重不足且购买力相对低下的国家和地区，农业生产还具有消除饥饿并确保家庭粮食安全的特殊功能。

（四）经济文化功能

除了具备提供产品和就业机会等传统经济功能外，农业还具有一些经济方面的非商品产出功能，它们与一般经济活动的区别在于其实现是否通过市场机制，虽然涉及的具体功能较多，但以保障农村劳动力就业和经济缓冲作用最具代表性。其中，绝大多数发展中国家二元经济结构的存在以及国际劳动力流动的严格受限是导致保障农村劳动力就业成为重要农业非商品产出功能的主要原因。经济缓冲作用，是指农业随着宏观经济的波动适时地释放和吸纳劳动力，该功能有助于减缓经济危机并加速经济的复苏。除了经济功能之外，农业还具有形成和保持农村独特文化和历史的功能。究其原因，主要是农业生产活动与农村生活之间存在着较为紧密的关系，与城市相比，农村具有相对的独立性和封闭性，这些属性均有助于农业特定传统文化的形成与保持，一些国家的文化和传统深深地根植于农村生活，许多传统节日也与农业密不可分，从而形成了一系列极富地方特色和乡土气息的农村文化。

第二节　农业经济学的起源与发展

一、西方农业经济思想的形成与发展

（一）前资本主义时期的农业经济思想

随着早期农业生产力的发展以及奴隶制生产关系的出现、发展，古希腊、古罗马的农业经济思想应运而生。当时许多著名的思想家、经济学家在其论著中都曾对农业进行过相关论述。虽然当时的农业经济思想并未形成完整的体系，但从他们的著作中，可以清晰地了解到古希腊、古罗马对农业地位、作用的认知，对农业生产经营的分析以及对农产品价格功能的理解等，这些丰富的内容为接下来农业经济思想及其理论的发展奠定了坚实基础。

到了中世纪，随着农业生产力与生产关系的进一步变革，西欧的经济思想又经历了一次飞跃，主要表现在三个方面。

1. 维护封建秩序与封建土地所有制的正统思想

步入封建社会的西欧，国王和领主为了强化自己的统治，通过法令的形式并辅以强制手段迫使私有制全面推行。到了 11—12 世纪，领主对庄园内的一切财产都具有处置权，还拥有对所有庄园居民的政治管辖权。此时，在思想和教育界处于绝对权威的神职人员通过神话和巧妙构思的神学体系来实现欺骗民众的目的，以便强化私有制的合理性。

2. 强调公平但忽视效益的重农抑商思想

在欧洲中世纪时期，当经济现象涉及伦理道德问题时，以研究神学为主的经院学者一般倾向于利用神学观点对其进行解释。对于财产的形成与分配，通常会将其是否有益于社会或者人心作为最终的取舍标准。需要付出大量体力劳动的农业生产活动，被认为有助于冲淡人心中的物欲而促使良好品德的形成，故对其大加赞扬；而商业等交换行为则被看成是企图通过非正当手段、利用非公平原则来获取财富，故对其加以谴责。在当时的大环境下，宣扬清心寡欲的心态可以弥补现实物质生活的贫乏，并减少尘世的各种纷争，进而有助于社会秩序的稳定。

3. 优化结构、改进管理的农业经营思想

13世纪，西欧封建社会步入全盛时期，通过强化监督与开展核算使得庄园管理水平得到了极大提升。其管理原则与经营思想主要源自《亨利农书》。该书主要提出了四个观点：一是不违农时是保证生产和提高效益的首要前提；二是可以通过会计制度的推行，改进粗放的管理方式；三是遵循任人唯贤的原则，强化监督与管理；四是推行以货币化为手段的计算方式以适应商品经济的发展。在这一时期，无论是大租佃农场主还是小农户，都意识到了优化生产结构、确定经营规模的重要性。因此，用合理的经营思想指导农业生产便构成了当时风行的农书主题，并备受关注。

（二）近代资本主义前期（17世纪至19世纪30年代）的农业经济思想

近代农业经济思想包含在古典政治经济学中，主要产生于英国、法国和德国。古典政治经济学是基于价值理论来研究农业，主要探讨了地租理论、农产品价格理论、生产要素投入与收益之间的关系以及涉及农业的各项政策，进而在真正意义上进入农业经济的理论探讨。随着古典政治经济理论的进一步发展，相对独立的农业经济理论体系逐步产生。

（三）近代资本主义后期（19世纪40年代至20世纪初）的农业经济思想

在整个资本主义后期，边际分析法的采用与推广成为经济学理论研究的重点，而农业不再像近代资本主义初期在古典经济学中占据那样重要的地位。尽管如此，理论和理论经济学中仍存在一些反映农业的经济观点。德国历史学派的代表人物弗里德里希·李斯特深刻论述了农业在国民经济中的重要地位和作用，他认为，纯农业国是社会历史发展中的一个重要阶段，工业的发展离不开快速发展的农业；而反过来，也只有建立和发展工业才能推进农业进一步发展。因为纯农业国资源利用程度和分工发展程度普遍偏低，其农业生产经常处于残缺状态，在国际贸易中通常处于发达国家从属的地位。综合来看，纯农业国普遍存在分散、保守、迟钝的特征，从而缺乏文化、繁荣和自由。李斯特的这一经济理论极大地丰富了农业经济学的研究内容。

（四）现代（20世纪初以后）农业经济科学的形成与发展

进入20世纪以后，现代农业科学已逐步形成完整的体系，农业经济科学则是其重要组成部分，主要包括农业经济学、农场经营管理学、农业技术经济学、农村市场学、农业财政与会计、农村金融、农产品贸易等。现代农业经济思想主要根植于农业经济科学的各个分支中，其发展主要受前一阶段农业经营学派思想的影响，现代农业经济科学主要在美国得到了长足发展。美国学者布莱克运用新古典理论，基于农场生产数据的统计分析结果，出版了第一部以农业生产经济学命名的著作——《生产经济学概论》。20世纪50年代以后，计量经济学、动态经济理论、计算机分析工具在农业生产经济中得到了广泛运用，主要用于研究农产品的市场与需求、农业生产中的风险与不确定性以及大范围农业与多层次农业。现代农业经济学思想还在发展经济学中得到了集中体现。发展中国家经济结构的二元特点，即强调工业部门的快速发展，农业部门通过低廉的粮食和劳力支持工业，采用转移农业剩余劳动力到工业的方式实现整个国家的现代化。进入20世纪70年代以后，发展经济学更加重视科技进步、人力资源开发、对外开放、最优增长、多部门或者各产业协调发展以及可持续发展等研究。上述研究极大地丰富了现代农业经济思想理论。

二、中国农业经济的形成与发展

（一）源远流长的中国农业经济思想

作为四大文明古国之一，中国拥有历史悠久的农耕文化，农业经济问题也一直为人们所重视。在历朝历代的经济学思潮中，农业经济思想一直占据着极为重要的地位。比如土地问题，北魏至唐朝前期为"均田制"，西汉董仲舒坚持"限田"主张，明代邱浚则提出了"配丁田法"等；对于农业地位的认识，形成了农本、重农抑商、农工商皆本、农工商并重等多种理论；而在农业发展策略的选择上，宋朝王安石则大力推行青苗法和市易法。上述制度或者政策均蕴含着极为丰富的农业经济思想，但由于我国长期处于封建社会，农业商品经济不甚发达，未能形成科学的体系。

（二）新中国成立以后的农业经济学发展

新中国成立之后，逐步建立与社会主义发展相适应的农业经济学。其中，在20世纪50年代初期，所采用的教科书基本源于苏联；20世纪50年代后期，国内才出版第一本由国人自主编写的农业经济学教材。自20世纪80年代以来，随着改革开放这一基本国策的全面实施，社会主义市场经济开始逐步取代传统的计划经济，我国也由此步入经济转型与国际社会接轨的新时期。在这个阶段，我国农业也明显加快了市场化步伐，并由传统农业逐步向现代农业转变。围绕新时期我国农业经济所遇到的若干理论问题，学术界展开了大量细致、深入的研究，从而在客观上促使我国农业经济学的内容和学科体系不断完善。

第三节　我国的农业经济制度及其演变

一、1978 年以前的农业经济制度

（一）土地改革

1. 土地改革的必要性

新中国的土地改革，特指在新中国成立前后，由中国共产党领导的以贫下中农为主体的农民群众消灭封建剥削土地所有制和建立以农民土地所有制为基础的农村基本经济制度，这次改革历史意义深远。

我国长久以来的封建地主土地所有制是制约我国生产力进一步发展的重大障碍。为了促进生产力变革，提高生产力，促使我国由农业国向工业国转变，就必须对封建土地所有制进行彻底的改革。

2. 土地改革的主要内容

土地改革的基本目的是废除地主阶级封建剥削的土地所有制，实行农民的土地所有制，借以解放农村生产力，发展农业生产，为新中国的工业化开辟道路。主要内容包括以下三个方面。

（1）没收地主的土地、耕畜、农具、多余的粮食及其在农村多余的房屋等财产，没收工商业主在农村的土地和原由农民居住的房屋，废除土地改革以前的土地契约，从而彻底消灭封建土地所有制。

（2）对所有没收和征收来的土地和其他生产资料，除收归国家所有之外，均要统一地、公平合理地分配给无地、少地及缺乏其他生产资料的贫苦农民，给地主发同等的土地，使其成为劳动者。

（3）人民政府给分地农民颁发土地所有证，承认一切土地所有者自由经营、买卖及出租其土地的权利，从而建立起农民土地所有制。

3. 土地改革的不彻底性

土地改革后，农民获得了人民政府授予的土地所有证，人民政府承认一切土地所有者可以自由经营、买卖及出租其土地的权利。因此，土地改革建立了农村全面的自耕农土地私有制度，使新中国成立初期的中国农村呈现出"小农经济的汪洋大海"的典型特征。

农民享有土地买卖和租赁自由、雇工自由、借贷自由、贸易自由等"四大自由"，使农村形成经济学意义上的完全竞争市场，个体农民要依靠自身的家庭资源和生产经营能力进行农户之间的广泛的生产经营竞争，以达到维持家庭生存和发家致富的目的。这样就不可避免地出现由于先天资源差异和市场竞争风险而使多数农户成为市场竞争中的失败者，导致农民中的市场竞争失败者们出现像旧社会一样卖房、典地，甚至破产流亡的凄惨景象。新政权通过强制性制度变迁赋予农民的土地权利又被市场竞争的力量剥夺，这就使得"耕者有其田"的理想变为空谈，不能从根本上改变广大农民群众被压迫、被剥削的历史地位。从更长远的角度看，不能改变这种中国历史上反复出现的新政权建立农民获得土地而随后土地被收取的历史现象，将使国家不能摆脱失地农民成为致乱之源和推动政权更替的主要社会力量的潜在风险。因此，这样的土地改革是不彻底的，它不能起到保护广大农民阶级的根本利益的历史作用，只能为今后更为深刻的农村基本经济制度变革即农业合作化创造条件。

（二）农业合作化

1. 农业合作化的历史必然

占国民经济总产值90%的分散的、个体的农业经济和手工业经济，是可能和必须谨慎地、逐步地而又积极地引导它们向着现代化和集体化的方向发展的，必须组织生产的、消费的和信用的合作社及其各级领导机关。合作社经济是半社会主义性质的经济，是整个国民经济的重要组成部分，人民政府应当扶助其发展。这些重要的政策文件使农村基本经济制度在土地改革完成后向集体化方向发展成为必然。

从社会实践看，1953年春，中国土地改革基本完成，农业生产迅速发展，大部分农民经济上升为中农，但同时各地也出现了农户间贫富差距扩大的"两极分化"现象，即一小部分因各种原因而生活日趋艰难的农民开始卖地、借债并成为佃农，另外一小部分经济上升较快的农民开始从一小部分农民那里买地、放债和雇工。因此，将当时的社会现实情况与中国历史经验相联系，以农民私人所有为主要内容的平均地权的开国政策，并没能阻止中国历史上反复发生的土地所有权从平均化到兼并再到形成大地主的轮回。这是新生的人民政权必须依靠制度创新来解决的重大问题。

2. 农业合作化运动的历史意义和效果

中国共产党领导的农业合作化运动，使农民从沿袭几千年的家庭生产经营模式转变为农村集体经济生产经营模式，将独立、分散和细小规模的千千万万农户家庭组织成农村集体经济组织。这在中国历史上和人类历史上都是史无前例的巨大规模的制度创新，是中国和世界农业史上的一次伟大而深刻的制度革命。它不仅将当时人类历史上最大规模的个体——农民带入社会主义新社会，避免了刚刚获得胜利果实的绝大多数农民重新走上两极分化、破产流亡的历史老路，也极大地促进了当时的农业生产力发展。

农业合作化运动的迅速发展，表面上看是政策强力干预造成的强制性制度变迁的结果，但从更深层次的社会历史背景来看，在 20 世纪 50 年代前半期加快实现全面农业合作化是由中国工业化主导的现代化经济建设的需要决定的。

独立经营的细小规模农户无法满足为国家现代化建设提供足够的农产品原材料和粮食产量的要求。因此，选择一种生产效率高、抗风险能力强、能适应国家现代化建设对农业生产需要的新型农业基本经营制度和新型农业生产经营组织就成为历史的必然。

（三）人民公社

1. 人民公社体制的建立

人民公社是农业合作化发展到一定阶段，为适应生产发展的需要，在高级农业生产合作社的基础上联合组成的具有社会主义性质的互助互利的政社合一的集体经济组织，实行各尽所能、按劳分配、多劳多得的分配原则。政社合一，是指人民公社既是社会主义农村的经济主体，又是我国社会主义政权在农村中的基层单位。人民公社的特点是"一大二公"。大，是公社的规模比原农业生产合作社大。公，表现在三个方面：一是人民公社已与农村基层政权组织合二为一，即政社合一，是包括工、农、商、学（文化教育）、兵（民兵）在内的社会基层行政组织。在生产组织上，全社统一生产、集中劳动、统一核算、统一分配，后改为较成熟的"三级所有，队为基础"。二是公有制成分增加，即社员的私有财产比例减少，公有财产比例和公共积累增加，社员不凭借入社资产分红，而是按劳取酬。三是文化、教育、卫生、养老等公益事业和公共福利增加。人民公社是新中国农村经济建设需要的产物。随着农业合作社和农村生产力的发展，全国农村开展了大规模的农田水利基本设施建设活动。兴修水库和治理小流域，涉及几个、十几个甚至几十个村庄。大规模水利建设，必须实行统一规划、集中动员、组织和指挥整个区域高级农业合作社的力量，协调它们的利益。因此，突破高级社局部利益的限制、并小社为大社，便成为迫切的需要。

2. 人民公社的绩效评价

在人民公社存续期间，中国的农业生产条件发生了巨大的变化，为后来的农业发展和新中国实现初步工业化奠定了坚实的物质基础。

但是，经济和国内外形势在不断变化，使人民公社体制的缺陷暴露出来，主要表现如下：首先，先天矛盾存在于高度集中的统一的集体经济体制与农业生产特征之间，农业生产的对象是有生命的动植物，生产资料是有肥力特征的土地，这就需要劳动者在整个生产过程中给予关怀。而我国农业的重要特点就是人均耕地资源占有量少、劳动力较充裕，这就使我国农业只能走劳动密集、耗能低和土地生产率高的道路。由此来看，最适合的就是形成以家庭为单位进行农业生产的经营和管理模式。其次，农产品价格过低和"剪刀差"过大，这就使农业的扩大再生产能力被大大削弱，不利于农业的正常发展，且容易浪费农产品，使得本来相当紧张的粮食等主要农产品的供给压力大大增加。再次，传统的户籍制度按照"农业"和"非农业"标准将全体中国公民分成两大类人群，如果没有特殊情况，农民无法转变为非农业人口，这就束缚了劳动力的流动，不利于社会劳动率的提高。因此，农业基本经济制度改革成为必然。

二、农村改革及"双层经营"制度的形成与发展

（一）逐步建立家庭联产承包责任制

1. 从理论上肯定家庭联产承包责任制的社会主义性质

凡有利于鼓励生产者最大限度地关心集体生产，有利于增加生产、增加收入、增加商品的责任制形式，如包产到户等，都应予以支持。

包产到户、包干到户或大包干都是社会主义生产责任制。该文件充分肯定了包产到户、包干到户的社会主义性质，从而大大推进了包产到户和包干到户的发展。联产承包责任制具有广泛的适应性，是在中国共产党的领导下中国农民的伟大创造，是马克思主义农村合作化理论在我国实践中的新发展。这在理论上肯定了家庭联产承包责任制属于社会主义经济制度范畴，从而使这一制度在当时的意识形态环境下得以推进。

2. 初步建立家庭联产承包责任制

以土地承包经营为核心的家庭联产承包责任制，取代了人民公社体制下的统一经营制

度，成为中国农村的基本经营制度。家庭联产承包责任制赋予了农民充分的生产经营自主权，重新构造了农村经济组织的微观基础，由此引发了中国农村经济社会的一场历史性大变革。

（二）　稳定家庭联产承包责任制

继续稳定和完善家庭联产承包责任制，规定土地承包期一般应在 15 年以上；生产周期长的和开发性的项目，承包期应当更长，从而保证了土地承包经营在较长时间内的稳定。

把以家庭联产承包为主的责任制、统分结合的双层经营体制，作为我国乡村集体经济组织的一项基本制度稳定下来，并不断充实完善。以家庭联产承包为主的责任制和统分结合的双层经营体制，是我国农村经济的一项基本制度，要长期稳定，并不断完善；在原定的耕地承包期到期后，再延长 30 年。

（三）　将农村基本经营制度建设纳入法制化轨道

在这一阶段，国家为稳定农民的土地承包经营关系，将农村基本经营制度建设纳入法制化轨道，使农民的土地承包经营权成为农户的合法权益，受到法律保护。国家稳定农村以家庭联产承包为主的责任制，完善统分结合的双层经营体制。集体所有的或者国家所有、由农业集体经济组织使用的土地资源可以由个人或者集体承包从事农业生产，个人或者集体的承包经营权受法律保护。在农业基本经济制度方面的变化是：提出国家长期稳定农村以家庭联产承包为主的责任制，完善统分结合的双层经营体制。

（四）　在家庭联产承包责任制长久不变的基本框架下，探索土地适度规模经营的实现方式

国家在明确现行农村基本经营制度长期不变的条件下，探索土地适度规模经营的实现方式，以克服小规模农户分散生产经营造成的市场竞争力低下的弊病，为进一步提高农业生产力创造有利条件。

要稳定和完善以家庭承包经营为基础、统分结合的双层经营体制，健全在依法、自愿、有偿基础上的土地承包经营权流转机制，有条件的地方可发展多种形式的适度规模经营。

稳定和完善农村基本经营制度；完善农村土地承包法律法规和政策，加快制订具体办

法，确保农村现有土地承包关系保持稳定并长久不变；加强土地承包经营权流转管理和服务，健全流转市场，在依法自愿有偿流转的基础上发展多种形式的适度规模经营。

稳定和完善农村土地政策；加快修改完善相关法律，落实现有土地承包关系保持稳定并长久不变的政策；按照依法自愿有偿原则，引导土地承包经营权流转，发展多种形式的适度规模经营，促进农业生产经营模式创新；加快推进农村地籍调查，推进包括农户宅基地在内的农村集体建设用地使用权确权登记颁证工作，稳步扩大农村土地承包经营权登记试点，财政适当补助工作经费；加强土地承包经营权流转管理和服务，健全土地承包经营纠纷调解仲裁制度；完善农村集体土地征收有关条款，健全严格规范的农村土地管理制度；加快推进牧区草原承包工作；完善相关配套政策。

（五）对现行农村基本经营制度的评价

国家力图建设和稳定的农村基本经营制度的基本模式是"统分结合，双层经营"，旨在发挥农户和农村集体经济组织两个层面的积极性，促进农业生产力发展。

从目前的情况看，农户"分散经营"的模式取得了较好的效果，农户因能够直接享有其生产成果，从而在较大程度上激发了农业生产的积极性。在农户平均承包土地和分散生产经营决策的基本农业生产经营模式下，农户能够及时根据市场信息进行生产决策，以在市场经济条件下追求农户家庭利益最大化。同时，其长期承包的土地也具有基本社会保障的作用，对于稳定农民的生产积极性有一定的作用。但弊病在于中国农户数量众多，大量小规模农户分散独立生产经营，造成农户的小生产与大市场之间的矛盾十分突出，小农户抵抗市场风险能力低，从而难以确保获得足够的生产经营效益；过于分散的生产经营模式也容易造成农产品市场剧烈波动，增加了国家对市场经济的调控难度，不利于维护消费者和生产者的利益。

农村集体经济组织的"统一经营"模式并未取得预期效果，突出表现在农村基本生产和生活公共设施建设严重不足，如农村道路、农田水利、土地整理、中低产田成片改造和新技术推广等均存在建设主体和管理主体缺位的情况，小农户无力承担，而农村集体经济组织也没有很好地发挥作用。这是今后改革的方向。

（六）新制度的发展趋势

1. "两个转变"是农村基本经营制度稳定的基础

为了推动"两个转变"，尤其是第一个"转变"的实现，应在以下方面做出努力。第一，改变政府农业服务机构体制，以公共服务机构为依托，完善其公益型服务职能。要按照实现城乡基本公共服务均等化的目标，加快推进体制机制创新，大力发展农村公共事业，不断提高农村基本公共服务水平，促进农村社会全面进步。第二，壮大村级集体经济实力，进一步提高其农业社会化服务能力。村级服务机构在发挥农业社会化服务功能上处于特殊地位，发挥直接作用。第三，进一步加强龙头企业在农业社会化服务中的骨干作用。国际经验表明，发展农业产业化经营，是实现传统农业向现代农业转型的必由之路。第四，不断完善个体形式的民间服务组织，强化民间服务主体在农业社会化服务中的补充力量。第五，改变农村金融机构的服务机制和服务方式，提高其资金供给能力和服务能力。

2. 进一步推动和规范农村承包地经营权流转是农村基本经营制度稳定的前提

把农村土地承包经营权界定为用益物权。用益物权是物权的一种，是指非所有人"对他人所有的不动产或者动产，依法享有占有、使用和收益的权利"。既然是用益物权，承包人当然享有包括流转在内的各项权益，即土地承包经营权人依照规定、有权将土地承包经营权采取转包、互换、转让等方式流转。加强土地承包经营权流转管理和服务，建立健全土地承包经营权流转市场，按照依法、自愿、有偿原则，允许农民以转包、出租、互换、转让、股份合作等形式流转土地承包经营权，发展多种形式的适度规模经营。有条件的地方可以发展专业大户、家庭农场、农民专业合作社等规模经营主体。

在较长一段时间内，我国仍会以小规模经营农户为主，但土地流转形成的专业大户、家庭农场、农民专业合作社和农业企业（包括农业产业化龙头企业）等新型农业经营主体，将逐渐成为我国商品农产品生产的主体，成为我国农业现代化的主体。土地流转、新型农业经营主体的形成和发展提高了我国农业现代化水平。

3. 农民专业合作社建设是农村基本经营制度稳定的核心

大力发展农民专业合作社是实现"两个转变"的中心环节，也是稳定农村基本经营制度的核心。农民专业合作社涉及产业广，主要分布在种植业和畜牧业；在服务内容上，从起步时的技术互助、信息传播，逐步扩展到资金、技术、劳动等多方面的合作；从生产领域逐步向生产、流通、加工一体化经营发展。实践证明，农民专业合作社的蓬勃发展，很好地发挥了"统"的功能，在很多地区有效地填补了县、乡、村三级组织"统"的功能发挥不够的空白，已经成为稳定农村基本经营制度的核心环节。

 # 第二章 农业产业化与生产布局

第一节　农业产业化经营

一、农业产业化经营概述

（一）农业产业化经营的定义

经查阅，文献中经常出现农业产业化和农业产业化经营两个概念。实际上，这是从宏观和微观两个不同的视角对同一经济现象的不同表述。农业产业化是从宏观层面上认识的农业与国民经济其他部门之间的关系。在这一意义上，农业产业化是指农业作为国民经济的一个部门与农业前部门（包括农用生产资料生产、供应部门）和农业后部门（包括农产品加工、贮运、销售部门）紧密结合形成的一种社会化生产系统。农业产业化的出现，表明一个国家的农业部门同其关联产业部门的彼此依存关系日益密切，农业生产力和农业生产社会化已达到了相当高的发展水平。

农业产业化经营是从微观层面上概括农业企业与工商企业之间的合作或联合，或者它们的经营活动内容的相互渗透。在这一意义上，农业产业化经营是指农业企业与工商企业，在组织上和利益上形成某种共同体，在业务上相互合作，实行种养加、供产销、农工商综合经营；在共同体内，农业的产前、产中、产后各环节紧密联结形成完整的产业链。这种经营形式的出现，意味着工商资本渗入农业，工商企业直接掌握或间接控制农产品原料的供应；同时，也意味着农业企业经营内容的拓展、农业产业链的延伸。在我国，农业产业化经营还是在农户家庭经营基础上的农业组织制度的创新。

（二）农业产业化经营的特点

我国的农业产业化经营是在农业家庭经营体制确立之后，随着市场经济体制的逐步建

立和农业市场化、国际化和现代化的稳步推进而出现的新型农业经营形式。与传统的农业经营形式相比，农业产业化经营具有以下特点。

1. 经营一体化

围绕主导产业和主导产品，把产前、产中、产后各环节纳入农工商一体化的经营共同体。共同体按完整的产业链进行产品开发，使农业生产资料的供应，农产品的生产和产后的加工、运输、销售相互衔接，成为共同体内部的经营内容。共同体的内部协调取代市场交易，从而避免市场交易的不确定性，降低交易成本，并使外部经济内部化，提高农业的组织效率和经济效益。

2. 生产专业化

围绕主导产业和主导产品，把农业生产的产前、产中、产后各环节有机结合起来，形成专业化的生产体系，实现农产品生产和各个生产环节的专业化，使每种产品都体现初级产品、中间产品、最终产品的制作过程，并以品牌商品的形式进入市场，提高市场竞争力。

3. 布局区域化

按照区域比较优势原则，确立主导产业和主导产品，实行连片开发，建立高标准农产品生产基地，将一家一户的分散种养，联合成千家万户的规模经营，形成规模化的农业生产区域，降低生产成本，实现规模效益。

4. 服务社会化

通过一体化组织，发挥龙头企业、合作社的优势。龙头企业、合作社向农户提供产前、产中、产后的信息、技术、农资、加工、销售以及经营管理等全方位的服务，解决分散农户的各种问题。

5. 管理企业化

通过"龙头企业+合作社+农户"等组织形式，采用合同契约制、参股分红制等利益联结机制，把各参与主体联结成一个经济利益共同体。共同体按照现代企业的模式来运营，把农业生产当作产业链的一个环节或共同体的一个"车间"来进行科学管理。

（三）农业产业化经营的组织形式

我国农业产业化经营的组织形式多种多样，但按照农业产业化组织的一体化程度，基本形式可以分为以下几种。

1. 龙头企业带动型（龙头企业+［合作社］+农户）

龙头企业是具有一定规模的农产品加工或运销企业。龙头企业不同于一般工商企业，它负有开拓市场、带动农户、优化农业结构、促进农业增效和农民增收的责任。龙头企业带动型的组织形式就是以龙头企业为主导，围绕一种或几种农产品的生产、加工和销售，龙头企业与农产品生产基地的农户进行专业化分工协作，形成利益共享、风险共担的经济共同体。在实际运行中，又有两种做法：一是龙头企业直接与基地的农户联结，农户为龙头企业生产原料性农产品，龙头企业负责农产品加工和销售；二是农产品生产基地中的农户建立专业合作社，专业合作社成为联结龙头企业与基地农户的中介，合作社组织社员进行农产品生产，并把生产出来的农产品交售给龙头企业。这种类型的农业产业化经营在种植业、养殖业最流行，各地都有比较普遍的发展，也是最典型的农业产业化经营组织形式。

2. 合作组织带动型（专业合作社+农户）

这种形式是农民通过组织合作社，以集体的方式进入市场。合作社创办农产品加工、运销企业，把社员生产的农产品经过加工增值后投入市场。合作社在与外部市场的交易中代表社员利益，与社员的利益完全一致；合作社内部按合作社的原则经营、管理和分配。从农民的角度看，这是农业产业化的最好形式，因为农民可以最大限度地得到整个产业链的利益。但这种形式的产业化经营需要合作社有相当的规模和实力。合作社不但要把社员的农业生产统一起来，而且要创办农产品加工和运销企业，并能打开农产品及其加工品的国内外市场。目前，我国的农民专业合作社刚起步不久，绝大多数合作社没有这个规模和实力，特别是打开国际市场的销路比较困难，但这是农业产业化经营的发展方向，也是农民专业合作社发展的必由之路。

3. 专业市场带动型（专业市场+农户）

这种形式以农产品专业市场或交易中心为依托，依靠专业市场或交易中心拓展农产品销售，从而带动区域生产专业化，形成区域优势产业，进而带动农产品生产、加工、销售产业链的发展和完善，节省各个市场主体的交易成本，提高整个产业链的运营效率和经济效益。这种类型的产业化经营，既发挥了集聚经济的效应，也形成了区域化布局、专业化生产和社会化服务，但各参与主体没有建立利益共享和风险共担的机制，属于松散型的组织形式。

4. 涉农企业投资农业型

这种形式指一些大型的综合性涉农企业（农产品加工或流通企业），自己创办农产品生产基地，全面开展农产品的生产、加工、销售业务，初级农产品生产成为企业的生产部门。这类企业的规模比较大，资金实力雄厚，技术装备先进，营销能力强大。这种类型的产业化经营，土地是从农民手里转包的，或是通过"反租倒包"的途径向村集体承租的，或者是向农村集体经济组织承租的未开发荒地，也有一些是向国有农场批租的土地。企业把转包或承租来的土地进行统一的基础设施建设，而农产品的生产或生产中的某些环节仍然承包给企业员工或农户，员工或农户生产的产品由企业统一收购。

5. 工商企业投资农业型

这是指城市中的工商企业拓展业务领域，到农村租赁土地，开展农产品的生产、加工、销售业务。这是工商企业实施多元化经营战略的结果。目前，这种类型的农业产业化经营发展迅速。对于工商资本进入农业，政府既鼓励又限制。

（四）农业产业化经营的产生动因

我国的农业产业化经营产生于 20 世纪 80 年代，随后得到了迅速发展。农业产业化经营的产生动因主要是以下几个方面。

1. 农户通过延长产业链以提高农业效益的需要

农业的产业特点决定了农业的比较效益低。在计划经济体制下，农民只能从事农产品的生产，不能从事农产品加工和流通。改革开放以后，农业中的计划指令逐渐减少，农民不但被赋予了农业生产的自主权，而且被赋予了从事农产品加工和流通的权利。在经济利益的驱动下，一些种养专业户把生产经营领域从单纯的农产品生产扩展到了农产品流通和加工，走上了农工商或农工贸一体化经营的道路。

2. 农户和龙头企业降低经营风险的需要

农业不但具有自然风险，而且具有市场风险。随着农户生产规模的扩大，农户面临的市场风险也变得更大，农户为了使农产品有稳定的销路和价格，愿意与龙头企业合作。而龙头企业则要面临作为中间投入品的农产品数量不稳定和市场价格波动带来的经营风险，因此也希望与生产农产品的农户建立比较稳定的合作关系。农户和龙头企业的这种共同愿望促使它们结成更稳定的交易或合作关系。

3. 农户和龙头企业降低市场交易费用的需要

从农户与市场的关系来看，无论是产前的生产资料购买，还是产后的产品销售，单靠农户自己去交涉，交易费用都很高。在生产资料购买方面，有关生产资料质量和价格的信息明显偏向供给一方，农户缺乏影响供给的能力，他们往往是价格的接受者。在农产品销售方面，面对变化莫测的市场，农户的预见能力和信息收集能力很弱，而且由于生产批量小，只能将交易局限在产地附近的市场，并接受收购者的种种限制。对龙头企业来说，从市场上采购农产品原料，同样需要花费大量的人力、财力和物力，并且也不一定能保证按期望的价格和质量采购到所需要的农产品。实行农业产业化经营，农户和龙头企业都可以节约交易费用。

4. 龙头企业保证农产品原料质量的需要

随着农业市场化和国际化的推进，从事农产品加工和销售的企业需要提高产品的国内外市场竞争力。而现代市场的竞争不仅表现在产品价格的竞争上，还表现在产品质量的竞争上，特别是农产品及其加工品的质量安全已成为市场竞争力的重要因素，分散经营的农户不能对生产过程进行统一控制，农产品质量的稳定性差。为保证农产品原料的质量，龙头企业需要把质量控制过程延伸到农产品的生产环节。实行农业产业化经营，是龙头企业控制农产品生产过程、保证农产品质量的现实选择。实际上，综合性涉农企业型的农业产业化经营模式是控制农产品生产过程的进一步延伸。

5. 工商企业实施多元化经营战略的需要

当前，许多工业领域出现了产能过剩的现象，市场竞争十分激烈，企业利润空间受到挤压。同时，随着人们收入水平和生活水平的提高，人们对优质农产品的需求快速增长，现代农业已成为有利可图的行业。在这一背景下，一些工商企业把投资领域扩展到了农业，借助现代化的生产设施和技术、现代化的物流设施和技术，从事农产品的生产、加工和销售。

（五）农业产业化经营的作用

我国的农业产业化经营的最初动因是农民和农产品加工运销企业出于自身利益而进行的合作。但农业产业化经营的发展，从客观上解决了农业现代化进程中出现的一系列问题，有利于农业的转型升级，具体表现在以下几个方面。

1. 有利于解决农户小规模经营与大市场的矛盾

家庭经营体制解决了农民的生产积极性问题，但分散经营的农户在与市场对接的问题上产生了新的矛盾。分散经营的农户搜集和处理市场信息的能力较差，对千变万化的市场难以准确把握，对生产经营决策缺乏针对性，加之单个农户生产经营规模较小，其产品很难形成批量，在市场交易中缺乏谈判能力。而龙头企业在市场信息的把握上比分散经营的农户具有较强的优势。通过农业产业化经营，龙头企业就可以根据掌握的市场信息做出合理的经营决策，并指导农户的生产活动，从而把小规模分散经营的农户与大市场对接起来。这不仅有利于农民减少农业结构调整的盲目性，使农民集中精力安心搞好农业生产，提高农产品的产量和质量，也有利于农民节约分散进入市场的交易成本。

2. 有利于使用先进的科学技术和物质装备，提高农业现代化水平

分散经营的农户因生产规模较小，资金积累能力有限，难以运用先进的科学技术和现代物质装备，这对实现农业现代化是一个不利因素。通过农业产业化经营，龙头企业把分散经营的农户组织起来，一家一户的分散种养就联合成了千家万户的规模经营，形成区域生产的规模化和专业化。这样有利于农业基础设施的建设，有利于推广使用先进的科学技术和物质装备，从而提高农业的现代化水平。同时，在资金投入上，龙头企业直接增加对农产品生产基地的投入，可以提高农业的投入水平。

3. 有利于实现农业标准化，保障农产品质量和安全

农业标准化是对农业的产前、产中和产后的全部活动中需要统一、协调的各类对象，制订标准、实施标准并对标准的实施进行监督的一系列活动。农业标准化可以规范农产品的生产、加工和流通过程，保障农产品的质量和安全，有利于提高农产品的市场竞争力，特别是增强国际贸易中应对国外技术性贸易壁垒的能力。但分散经营的农户对农业标准化形成了现实障碍。在农业产业化经营中，龙头企业对基地内的农户实行统一生产环境建设、统一生产资料供应、统一技术操作规程、统一产品质量标准等，使农户按标准进行生产。因此，农业产业化经营可以推进农业标准化的进程。

4. 有利于创建产品品牌，提高农产品的市场竞争力

当今的农产品竞争是包括质量、价格、服务在内的综合性竞争。分散经营的农户不仅生产批量小、标准化程度低、质量不稳定，还没有品牌。农业产业化经营把分散的农户组织起来，提高了农业生产的组织化程度，不但有利于实现农业生产的标准化，保证农产品及其加工品的质量，而且有利于创建产品品牌，开展品牌营销，从而增强农产品在国内外市场上的竞争力。

5. 有利于增加农民收入

农业产业化经营实现了一、二、三产业的融合发展，扩大了农民的收入来源，有利于增加农民收入。这种收入来源主要指以下几个方面：一是农业产业化经营延长了农业产业链，提高了农产品的附加值。二是农业产业化经营使产业链中的各个环节协调运转，从而

提高整个产业体系的生产效率和效益。三是农业产业化经营提高了农产品的市场竞争力，扩大了农产品的销路，并能降低交易成本。农民可以从以上几方面分享产业化经营所增加的收益。四是农业产业化经营扩大了农民的就业领域，增加了农民的就业机会，农民也可以从中增加收入。

6. 农业产业化经营是农业经营制度的创新

随着农业市场化、国际化、现代化的推进，原有的社区性合作经济组织提供的服务已满足不了农户的要求，各种农业资源需要在更大的范围和更高的层次上进行优化组合，以"公司+农户"为代表的农业产业化经营，突破了原有社区性合作经济的局限，使农户找到了在市场经济条件下实行联合与合作的新途径，有效地推进了农业的市场化、规模化和现代化。农业产业化经营是对我国农业双层经营体制的补充、丰富和完善，是我国农业经营制度的重大创新。

二、农业产业化经营的利益机制

（一）利益联结机制

利益联结机制是指农业产业化经营中的利益如何在各参与主体之间进行分配所确定的程序安排和措施。在农业产业化经营的各种组织形式中，合作组织带动型组织中合作社与社员之间的利益关系明确，专业市场带动型组织中各参与主体没有直接的利益关系，而其他几种组织形式（包括龙头企业带动型、涉农企业投资农业型、工商企业投资农业型）中的企业（以下统称龙头企业）与农户是不同的利益主体，它们之间需要建立一定的利益联结机制。

按照龙头企业与农户的利益联结方式，农业产业化经营的利益联结机制主要有以下几种类型。

1. 合同联结

合同联结，即龙头企业与农户（合作社）签订农产品购销及其他相关合同，以契约关系为纽带，实现利益共享、风险共担。合同的主要内容包括：龙头企业负责向农户（合作社）提供种苗、肥料、农药、生产技术指导等服务，并按合同约定的价格收购农产品；农户（合作社）按合同约定的品种、规格、质量和数量生产农产品，并按合同约定的价格把农产品卖给龙头企业。部分企业还与农户（合作社）约定利润返还标准，农户（合作社）可以根据提供的农产品数量从龙头企业得到农产品加工、流通环节的一部分利润。这种利益联结方式的优点是：形成契约过程比较简单，双方合作的成本较低，可发挥龙头企业和农户（合作社）两个方面的优势，经营更灵活主动。不足之处在于：由于龙头企业处于强势地位，合同约定的权利、义务难免失衡。

2. 股份联结

股份联结，即龙头企业与农户（合作社）以股份制或股份合作制形式组成新的经济实体，或农户（合作社）投资参股到龙头企业，龙头企业与农户（合作社）以产权关系为纽带，实现利益共享、风险共担。当然，龙头企业与农户（合作社）在生产经营中实行分工。龙头企业负责生产经营决策的制订和实施，并负责生产资料的供应、技术指导和产品的加工与销售；农户（合作社）按龙头企业的要求进行农产品的生产，并参与企业的决策、管理和利润分配。这种利益联结方式的优点是龙头企业与农户（合作社）双方的利益关系稳定，不足之处主要是运作和管理成本较高。

3. 市场联结

市场联结，即龙头企业根据市场行情和加工的需要，凭借自身的信誉，在市场上收购农户生产的农产品，双方自由买卖，价格随行就市。在这种利益联结方式下，各参与主体没有建立利益共享和风险共担机制，而是参与主体之间最松散的利益联结方式。

（二）风险分担机制

风险分担机制是农业产业化经营组织就产业化经营中的风险如何在各参与主体之间进行分摊所确定的程序安排和措施。农业生产总是存在自然风险和市场风险，农业产业化经营可以增强抵御风险的能力，但不能绝对消除风险，因此农业产业化经营组织需要明确风险的应对策略和分担方法，在风险共担的基础上实行利益共享。

1. 自然风险分担机制

在农业产业化经营中，基地农户（合作社）扮演着农产品生产者的角色，直接面对自然，因此自然灾害主要是对农户（合作社）造成威胁。在龙头企业与农户（合作社）实行合同联结的情况下，这种自然灾害带来的直接损失一般由农户（合作社）承担，但龙头企业一般不追究由此造成的农户（合作社）不能按质按量交售农产品的责任，因此龙头企业也间接地承担了一定的自然风险。在龙头企业与农户（合作社）实行产权联结的情况下，由于龙头企业一般不参与农产品的生产环节，龙头企业也不直接承担自然灾害造成的损失。当然，龙头企业也可以主动承担农户（合作社）的部分风险，其做法一般是龙头企业建立风险基金，用于发生自然灾害时对受灾农户（合作社）的补贴，或为农户（合作社）提供农业保险费补贴。

2. 市场风险分担机制

在农业产业化经营中，无论是基地农户（合作社）还是龙头企业，市场风险都是不可避免的。市场风险一般表现为农产品市场行情和价格的波动。分担市场风险的原则是恪守信用，履行契约承诺。当农产品市场价格低于合同价时，龙头企业按合同价收购农户（合作社）生产的产品，而不是以此为由压低产品的收购价；反过来，当农产品市场价格高于合同价时，农户（合作社）也按合同价向龙头企业提供农产品，而不是向市场出售，或另找其他出价高的买主。

（三）行为约束机制

行为约束机制是指对农业产业化经营中各参与主体的行为规范，其主要功能是抑制参与主体的机会主义行为倾向，降低交易成本。从农业产业化经营的实践看，龙头企业与农户（合作社）的行为约束机制有以下三种。

1. 信誉约束

信誉约束，即龙头企业和农户（合作社）凭借自己的信誉和传统的产销关系，通过市场进行交易，价格随行就市。一般认为，这种龙头企业与基地农户（合作社）没有契约（合同）关系，只能算是产业化经营的雏形。

2. 契约约束

契约约束是农业产业化经营中普遍采用的方式。具体做法是：龙头企业与基地农户（合作社）签订具有法律效力的合同，明确约定各方的权利和责任。龙头企业按合同约定向基地农户（合作社）提供无偿或有偿服务，按合同约定收购基地农户（合作社）的产品；基地农户（合作社）接受龙头企业的指导，搞好农产品的生产，按合同约定向龙头企业交售产品。如果一方违约，另一方通过法律途径追究违约方的责任。

3. 产权约束

产权约束，即龙头企业采用股份制或股份合作制的形式吸收基地农户（合作社）入股，使龙头企业与农户（合作社）以股份为纽带，结成经济共同体。这样，龙头企业演化成为股份制或股份合作制的法人实体，而入股农户（合作社）则成为企业的股东和企业"车间"型经营单位，相互依存，共兴共荣。

三、农业产业化经营的发展

（一）农业产业化经营的发展趋势

经过多年的发展，我国的农业产业化经营路径越来越清晰，目前呈现出以下趋势。

1. 农民合作组织在产业化经营中的地位越来越重要

实践证明，龙头企业与农民的合作，最理想的形式是以农民专业合作社为中介。因为分散的农户加入农业产业化经营体系，无论对龙头企业还是农户来说，交易成本都比较高，而由合作社把分散的农户组织起来加入农业产业化经营体系，就可以大大降低交易成本。从发展趋势看，随着农民专业合作社的发展壮大，其自身将成为龙头企业，更多的农民专业合作社将创办农产品加工和流通企业，在合作社内部形成一个完整的产业化经营体系。

2. 农业产业化经营将带动农业生产区域化的发展

龙头企业带动基地发展，促进基地建设的专业化、规模化和特色化，推动优势产业向优势区域集中，必然导致农业生产的区域化。目前，全国各地已呈现出产业带的发展势头，且各地政府也在大力推动。将扶持龙头企业、发展农产品加工业与推进优势农产品产业带建设密切结合起来，这必将进一步加快我国农业生产区域化的发展。

3. 农业产业化和农村工业化、城镇化融合发展

农业产业化增强了农业吸引工商资本、技术、人才等生产要素的能力，农业产业化的发展也加快了农产品加工业和流通服务业的发展。由于龙头企业一般都创办在农产品生产基地，随着农产品加工、流通企业的进驻，相应的农产品运输、包装以及金融、食宿等服务机构也会得到发展，相关的就业人口会不断增加，农村小城镇也因此得到发展。因此，农业产业化与工业化和城镇化将相互促进、融合发展。

（二）农业产业化经营的发展对策

农业产业化经营有利于推进农业现代化，提高农产品的竞争能力，并且能增加农民的收入。因此，具备条件的地区，应积极推进农业的产业化经营。

1. 选好主导产业和主导产品

主导产业是指在一个国家或一个地区的产业结构中占比较大，处于支配地位，与其他

产业的关联度高，对整个国民经济或区域经济具有较大带动作用的产业。相应地，农业主导产业是指在一个地区的农业产业结构中占比较大，对区域农业和农村经济具有较大带动作用的产业。实施农业产业化，首先要确定主导产业。主导产业的确定，一方面要考虑市场需求，根据国内外的市场需求及其发展趋势，选择市场容量大或市场潜力大的产品作为主导产业；另一方面要发挥本地优势，根据本地的自然资源和社会经济资源状况，选择具有区域优势的产品，并通过市场手段把相关资源要素整合到优势产品的生产中，扩大生产规模，形成主导产业。

2. 培育壮大农业龙头企业

龙头企业外联国内外市场，内联千家万户，具有开拓市场、引导生产、深化加工、配套服务的功能，是农业产业化经营的核心。实践表明，一个地区如果没有龙头企业，农业产业化经营就不可能得到发展。因此，具有一定数量和规模的龙头企业是实行农业产业化经营的重要条件。目前，我国大多数龙头企业规模小，资金实力、技术力量不强，产品技术含量和附加值不高，以农产品初级加工为主，缺乏深度加工的能力，由此造成市场开拓能力有限，无法带动更多的农民和农产品进入国内外市场。因此，政府必须大力培育龙头企业，把龙头企业做大做强，特别是要支持那些与农业关系密切的大中型农产品加工、流通企业，充当农业产业化经营的龙头企业，充分发挥它们在资金、技术、人才、管理和市场网络等方面的优势，带动农业产业化经营的发展。

3. 加强农产品生产基地建设

农产品生产基地是龙头企业的依托，它使龙头企业所需的农产品数量和质量得到保证，使其生产经营理念和方案得以实施。因此，推进农业产业化经营，要加强农产品生产基地的建设。在农产品生产基地的建设中，要充分发挥市场和政府两个方面的力量，围绕龙头建基地，突出特色建基地，连片开发建基地，把基地建设与主导产业的形成结合起来。

4. 发展农民专业合作社

结合农产品生产基地建设，在自愿互利的基础上，引导农户组织起来，成立农民专业合作社。这对龙头企业来说，一方面有利于减少与农民交易过程中的交易成本，另一方面也有利于推广先进的农业生产技术，有利于实施农业生产过程的标准化；这对于农民来说，有利于增强与龙头企业的谈判能力，更好地维护自己的利益。

5. 完善民主管理和利益共享机制

完善的运行机制是农业产业化经营的重要前提。从我国农业产业化经营的实践来看，当前，重点需要在两个方面进行完善。

（1）完善民主管理机制

一是完善基地农民专业合作社的民主管理。农民专业合作社在经营方向的确定、龙头企业的选择等方面，要充分吸收社员的意见。二是完善龙头企业的民主管理。特别是龙头企业在做与农民利益相关的决策时，要与基地的农户代表或农民专业合作社平等协商，共同做出相关的决策。

（2）完善利益共享机制

目前，在产业化经营中，龙头企业与农户之间的利益关系比较脆弱，大多数龙头企业与农户之间以不太规范的合同契约维系合作，有些甚至没有与农户建立合同契约关系，并没有真正形成利益共享、风险共担的共同体。当市场供求发生波动时，违反合同的现象十分普遍。这种情况不利于农业产业化经营的持续发展，因此需要完善共同体内的相关制度。

6. 重视科技进步和强化科技支撑

农业产业化经营需要掌握市场和技术两个制高点。这两个制高点是有联系的。从某种意义上说，技术水平决定市场竞争力。农业产业化经营涉及整个产业链，产品生产环节多，每个环节都有相应的产品质量标准和生产技术要求。因此，农业产业化经营必须以科技为支撑，依靠科学技术来解决生产过程中的各种技术问题和产品质量问题。有关科研部门和龙头企业要加强农产品生产、加工、储运、销售等技术的创新，提高产品的技术含量和附加值，提高产品的竞争力。

7. 优化管理体制和政策环境

农业产业化经营涉及农业的产前、产中、产后各个部门，这些部门中的经济主体及其活动分别由相应的政府主管部门管理。这种管理体制虽然有专业化管理的优势，但往往会造成农业产业化经营相关主体相互扯皮或者相互推诿的情况，不利于农业产业化经营的发展。因此，需要对农业管理体制进行必要的调整。另外，我国农业产业化经营主体的实力还不强，有些组织的运转还不规范，因此政府应进行必要的扶持和帮助，特别是在发展规划、工商管理、税收金融以及土地流转等方面给予必要的支持，对龙头企业与农民之间的利益矛盾进行必要的协调。

第二节 农业产业结构的优化

一、我国农业产业结构的变化

(一) 改革开放前的农业产业结构

从古至今，我国农村经济以农为本的格局延续了数千年，农业产业结构一直比较单一。在漫长的古代社会，我国生产力发展缓慢，生产力水平低下，农业产业结构始终以种植业中的粮食生产为主。新中国成立时，在农业产值中种植业的比重占85%以上，而在种植业播种面积中粮食的比重又占近90%。

新中国成立以后，一直到改革开放以前，受计划经济体制和人民公社体制的局限，我国农业生产力提高不快，再加上人口因素，导致我国的粮食问题长期得不到解决，历史上形成的偏重种植业（特别是粮食）的单一结构没有得到大的改变。

改革开放前，我国的农业产业结构具有以下特点。

1. 从部门结构看，比例关系不协调

虽然我国早在1958年就提出了"农林牧副渔五业并举"和"以粮为纲，全面发展，因地制宜，适当集中"的方针，但实际上还是片面强调种植业，林牧渔业从未摆脱从属地位；在种植业方面，更是长期重视发展粮食生产，经济作物发展相对滞缓。农业产业结构长期停留在"农业-种植业-粮食"的低级阶段。

①在整个农业中，种植业比重过大，林牧渔业比重过小。②在种植业方面，重粮食，轻经济作物。③在林业方面，用材林比重大，经济林和防护林比重小。④在畜牧业方面，重养猪，轻草食性动物。⑤在渔业方面，重海水产品，轻淡水产品；重捕捞，轻养殖。

2. 从资源利用看，过度利用与闲置浪费并重，地区优势未能得到发挥

农业生产局限于种植业特别是粮食生产，一方面造成耕地过度利用，另一方面造成大约3/5国土面积上的自然资源未能得到有效利用，各地区的资源比较优势不能发挥。同时，这种农业结构还几乎使农业劳动力集中于粮食生产上，造成农业劳动生产率不断下降。

3. 从运行效果看，经济、社会和生态效益不高

单一的农业产业结构不能充分而有效地利用资源，农业生产的经济效益受到影响。同时，农业生产不能满足社会对农产品的需求。尽管农业生产以粮食生产为中心，但粮食供给仍然很紧张；按人口平均计算的棉花、油料、水产品等占有量也有所减少。过于单一的农业结构还造成自然资源的不合理开发，使农业生态环境遭到破坏。

（二）改革开放后的农业产业结构

改革开放后，农民生产经营自主权得到落实，生产积极性得到激发，农业科技进步加快，农业生产力不断提高，农业产业结构变化明显，农林牧渔业全面发展，粮食生产与经济作物齐头并进。

改革开放后，我国农业产业结构的变化表现出以下特点。

1. 农业产业结构的变化幅度很大

种植业比重持续大幅度下降，牧业和渔业比重持续大幅度上升。在种植业方面，粮食作物的播种面积比重呈递减趋势，经济作物的比重迅速增加；在粮食作物方面，口粮和饲料粮的种植逐渐分离，种植业的结构已由原来的"粮食作物–经济作物"的二元结构逐渐演变为"粮食作物–饲料作物–经济作物"的三元结构。

2. 农业产业结构的变化是农业综合生产能力提高的结果

在这一阶段，粮食比重的下降和畜牧业、渔业比重的上升，是建立在粮食和棉花、油料、糖料、园艺产品产量稳定增长的基础上，这意味着结构变化的基础是农业综合生产能力的提高。农业综合生产能力的提高创造了能更快地发展多种经营的条件。

3. 农业产业结构趋向合理化

农业产业结构趋向合理化主要表现在如下两方面：一是农产品供给结构不断优化，肉、蛋、奶等畜产品及水产品、蔬菜、水果产量大幅度增加，农业产业结构较好地符合了社会需求的变化。二是农林牧渔全面发展，荒山、荒坡、荒滩、荒水等得到了综合开发利用，同时一些不宜种植的坡地实行退耕还林还草，农业自然资源的利用更合理，农业生态系统趋向良性循环。

二、优化农业产业结构的必要性

我国的农业产业结构比改革开放时已经有了很大改善，但仍要进一步优化。总体上

说，进一步优化农业产业结构是新阶段我国农业发展的要求。具体表现在以下几个方面。

（一）优化农业产业结构是适应农产品供求关系变化的客观要求

随着我国农业生产力水平的提高，农产品供求格局逐步从卖方市场转向买方市场，农业发展的主要制约因素由过去单一的资源约束变为资源和需求双重约束，农产品结构和质量问题成为当前农业发展的突出矛盾。随着城乡居民生活由温饱向小康迈进，消费结构发生了很大变化，对优质农产品的需求明显上升，并且表现出农产品需求多样化的特点。面对这种市场需求的变化，迫切要求农业生产从满足人民的基本生活需求向适应优质化、多样化的消费需求转变，从以数量为主向数量、质量并重转变。

（二）优化农业产业结构是扩大农业对外开放的必然要求

随着全球经济一体化进程的加快，农业的国际化趋势越来越明显。我国加入世界贸易组织（WTO）后，农业的国际化进程大大加快。面向国内和国际两个市场的需求来安排农产品的生产，利用国内和国际两个市场的生产资源来优化农业结构，有利于扬长避短，发挥优势，提高我国农产品的国际竞争力。

（三）优化农业产业结构是增加农民收入的有效途径

目前，由于供求关系的变化，依靠增加农产品数量或提高农产品价格来增加农民收入的潜力已经缩小。而优化农业产业结构，发展名特优新产品，提高农产品质量和档次，一方面可适应市场优质化、多样化的需求，另一方面可以提高农业的经济效益，增加农民收入。

（四）优化农业产业结构是合理开发利用农业资源的重要手段

人多地少是我国的基本国情。我国农业资源一方面相对短缺，原因是过度开发利用，另一方面配置不合理，利用率不高，导致浪费严重。通过优化农业结构，充分发挥区域比较优势，挖掘资源利用潜力，实现资源的合理配置，提高资源开发利用的广度和深度，有利于做到资源的有效利用与合理保护相结合，促进农业的可持续发展。

三、优化农业产业结构的原则

优化农业产业结构是一项复杂的系统工程，必须统筹规划，科学安排。由于各地的条件不同，农业产业结构不可能有统一的模式。一般来说，农业产业结构的优化必须遵循以下原则。

（一）以市场为导向

要根据市场需求及其变化趋势优化农业产业结构，满足社会对农产品多样化和优质化的需求。优化农业产业结构不能局限于本地市场，要面向全国，面向世界，适应国内外市场需求。不仅要瞄准农产品的当前需求，还要研究未来农产品的需求趋势，以便在未来的市场变化中抢占先机。

（二）发挥区域比较优势

随着市场经济体制的完善和经济全球化的发展，进一步扩大农业区域分工，实行优势互补，是降低农产品生产成本，提高市场竞争力的必然要求。优化农业产业结构，要在发挥区域比较优势的基础上，逐步发展不同类型的专业生产区。每个地区要以资源为基础，因地制宜，发挥本地资源、经济、市场、技术等方面的优势，发展具有本地特色的优势农产品，逐步形成具有区域特色的农业主导产品和支柱产业。

（三）依靠科技进步

优化农业产业结构要充分依靠科技进步，特别是要利用现代育种技术，以改造传统产品和开发新产品为重点，改良传统品种、培育新品种，采用配套的栽培和养殖技术，置换以往的产品，促进农业产业结构优化和升级。

（四）稳定提高农业综合生产能力

要严格保护耕地、林地、草地和水资源，防止水土流失。在不适宜耕作的地区实行退耕还林、还草、还湖，保护生态环境，实行可持续发展。大力开展农田水利等农业基础设施建设，加大农业科技研发和推广力度，通过工程措施和技术手段，提高农业综合生产能力，加快优势农产品的发展。

（五）用经济手段调控和引导

要正确处理政府与市场的关系，充分发挥市场机制在资源配置和结构调整中的基础性作用。政府在结构调整中的职责是：完善农产品流通体制和市场体系，健全农产品信息网络，为优化农业结构创造良好的市场环境；根据农产品市场供求变化趋势，调整农业产业政策，运用财政（价格保护、投入品补贴、政策性保险等）、信贷控制以及农产品储备调节等经济杠杆，适时进行宏观调控；加强农业科技创新，完善农业技术推广体系，做好技术辅导。总之，政府在结构调整中只能起引导作用，切忌采用行政命令强迫农民生产什么、不生产什么。

四、农业产业结构的优化方向

我国农产品的供求关系已从过去的总量短缺变为供求总体平衡，而结构性供求矛盾开始突出，一些品种供过于求与另一些品种供不应求同时并存，农业发展的制约因素已经由过去单一的资源约束变成资源和市场的双重约束。在这种背景下，农业产业结构的调整不仅要考虑各种农产品的数量平衡，还要注意农产品的质量提升，更要努力实现农业的可持续发展。

（一）优化种植业、林业、牧业和渔业之间的关系

优化种植业、林业、牧业和渔业之间关系的基本思路是：在继续发展种植业，使其在与国民经济发展的要求相适应的基础上，加快畜牧业的发展，充分利用我国丰富的山水资源发展林业和渔业；提高种植业和林牧渔业之间的多层次综合利用水平，提高农业资源的利用效率。

（二）种植业结构的调整

种植业结构调整的方向是：在稳定粮食生产的前提下，大力发展经济作物。粮食是国民经济基础的基础，关系社会稳定，特别是对拥有超过 14 亿人口的中国来说尤为重要。因此，在调整农业产业结构的过程中，要防止忽视粮食生产的倾向，必须高度重视粮食生产。粮食生产要基本稳定，在确保粮食安全的前提下，扩大经济作物的生产。在粮食生产方面，按照人口和畜牧业发展的需要，使口粮和饲料粮相区别；在口粮方面，提高粮食的品质和专用化程度。经济作物进一步向专业化、品牌化、产业化方向发展。

（三）林业结构的调整

林业是培育、保护和利用森林的部门。林业不仅生产周期长，而且具有很强的外部效益，因此必须重视发展林业，优化林业结构。林业结构调整的方向是：继续大力开展植树

造林，提高森林覆盖率；优化营林结构，加大经济林、薪炭林、防护林的比重；建立合理的采-育结构，切实保护好林业资源；在继续重视林木产品生产和发展速生丰产林的同时，加强林副产品的综合利用，提高林业资源的多层次利用水平，提高林业经济效益。

（四）畜牧业结构的调整

随着人们生活水平的提高，相对于粮食来说，人们对畜产品的需求增长更快，因而畜牧业将有更大的发展空间。畜牧业结构调整的方向是：大力开发耗粮少、饲料转化率高的畜禽产品生产，特别是增加秸秆和草料转化利用率高的牛、羊、兔、鹅等品种，大幅度提高食草性动物的商品产量；适应中国居民的肉类消费特点和需求变化，稳定发展传统的猪、鸡、鸭等肉类和禽蛋生产，加快品种改良速度，重点发展优质猪肉和禽肉生产，提高优质产品所占的比重；大力发展饲料加工业和畜产品加工业，推进畜牧业的产业化经营，实现畜产品的多次转化增值，提高畜牧业的综合效益。

（五）渔业结构的调整

渔业是利用水域进行捕捞与养殖的产业，主要产品是鱼类、虾蟹类、贝类和藻类。改革开放以来，我国渔业获得了快速发展，但渔业结构不尽合理，因此需要优化。我国渔业结构调整的方向是：合理开发滩涂、水面等宜渔资源，加速品种更新换代，发展名特优新品种养殖；调整养殖模式，重点发展高效生态型水产养殖业，积极发展高科技工厂化养殖，因地制宜地发展水库和稻田养殖；稳定近海捕捞，加强保护近海渔业资源，完善休渔制度，严格控制捕捞强度，减少捕捞量；大力发展远洋渔业，加强国际渔业合作，不断扩大国外作业海域；大力发展水产品的精加工、深加工和综合利用，重点抓好大宗水产品的保质和低值水产品的深加工，提高水产品质量和附加值。

（六）优化农产品品种结构

在过去农产品供给数量不足的背景下，农业生产只能将追求数量的增长放在最重要的位置。现在，主要农产品供求中的数量矛盾已基本解决，这就使我国农业有条件在稳定提高生产能力的基础上，将优化品种、提高质量放到突出的位置。加入 WTO 以后，我国的农产品将在世界范围开展竞争，提高农产品质量已成为当务之急。因此，不论是种植业，还是林牧渔业，都必须根据市场需求的变化，压缩不适销的品种，扩大优质品种的生产；通过品种改良和新品种开发，加速品种的更新换代，努力提高农产品的质量。

五、优化农业产业结构的措施

根据农业产业结构的变化规律，以及改革开放以来我国农业产业结构调整的经验，要进一步优化我国的农业产业结构，必须采取以下措施。

（一）大力发展农民专业合作社和农产品运销组织，发展新型流通方式

在继续稳定农业家庭经营体制的基础上，积极扶持农民专业合作社的发展，扶持农村个体运销大户，培育民间运销组织。同时，积极发展"订单农业"，发展生产基地与连锁经营、配送中心相结合的新型流通方式。利用互联网技术，有序发展农产品电商平台，开展农产品网络交易。总之，要通过各种方式解决农户分散经营与大市场的矛盾，帮助千家万户了解市场，使农民能按照市场需求来调整农业结构。

（二）加大对龙头企业的扶持力度，大力推进农业产业化经营

实践证明，农业产业化经营是优化农业结构的重要途径。通过农业产业化经营，千家万户的农民借助于龙头企业这一桥梁，实现了小生产与大市场的对接。因此，政府要加大对龙头企业的扶持力度，为龙头企业创造良好的发展环境。鼓励和支持现有农产品加工企业和流通企业进行技术改造，采用新技术和先进工艺，提高加工能力和产品档次。鼓励和支持现有农产品加工业和流通业进行资产重组，把发展基础较好、有市场、有效益的加工企业和流通企业，改造成龙头企业。鼓励投资主体多元化，广泛吸引各类合作经济组织、工商资本和国外资本参与龙头企业建设。

（三）完善农业信息体系、市场体系和质量标准体系

首先，要完善"三农"信息服务体系。加快形成国家和省服务平台、县服务中心、乡镇服务站、村服务点的信息服务网络，强化乡镇、村信息服务站（点）建设。做好农产品生产信息、技术信息、供求信息、政策信息的收集和发布工作，为农民调整农业产业结构提供及时准确的信息。其次，要加强农产品市场体系建设，重点培育和发展辐射面大的农产品批发市场，加强农产品加工、贮藏、运输设施建设和市场信息服务系统的建设。再次，要制订和修订农产品质量标准，建立健全农产品质量监督检测体系，积极开展农产品质量认证工作，完善农产品优质优价政策。

（四）加强农业科技创新，为农业结构调整提供技术支撑

首先，要适应农业结构调整的要求，重新确立农业科技研发的重点。农业科技研发重点要从主要追求增产技术转向追求优质高效技术，从以粮、棉、油、糖、畜禽等大宗农产品生产技术为主转到大宗农产品生产技术与特色农产品生产技术并重，从生产技术领域拓展到产后加工、保质、储运等领域。其次，要抓住关键技术，实行科技攻关。围绕高科技育种技术、配套栽培和养殖技术、农产品精深加工技术、农产品保鲜储运技术、农业物联网技术、农产品质量检测和动植物检疫技术进行重点攻关。再次，要加强农业技术推广体系建设，加快农业科技成果应用步伐。要为农民及时提供农业结构调整所需要的种子、种苗、种畜禽、菌种等，并为农民解决农产品生产、加工、储运、销售过程中的技术问题。

（五）加强农业基础设施和生态环境建设

要结合标准化农产品基地建设，完善农田水利、道路、电力等基础设施，为农业结构调整创造条件。同时，要加强农业生态环境建设，为发展优质农产品提供环境条件。

第三节　农业生产布局

一、农业生产布局的含义

农业生产布局是指农业生产在地域上的安排和分布，它是农业生产在地域上的分工形式，是农业各部门、各生产项目在空间上的动态组合。

农业生产布局的内容包括相互联系的三个方面：一是农业生产在地区间的分工，即根据各地区农业生产的客观条件和社会需要，确定其生产的专业化方向和发展规模。二是区域内的生产组合和空间分布，包括区域内农业产业结构的确定、优势产业的选择和开发、具体的产业空间配置等。三是区域间的经济联系和交流方式，即各区域间的分工协作关系和经济联系方式。

农业生产布局是由农业地域分异规律决定的。农业地域分异规律就是农业生产在地域之间因生产条件不同而形成差异的规律。农业生产对自然环境具有很强的选择性，并与一定的社会经济条件相联系。在不同地区，自然条件和社会经济条件不同，适合发展的农业

生产部门和生产项目不同；而在一定地区内，农业生产的自然条件和社会经济条件具有相似性。根据农业地域分异规律，采取区别差异性和归纳共同性的方法，划分出不同类型、不同等级的农业区域，将不同的农业生产部门和生产项目分别配置在最适合其发展的区域，便形成了农业生产布局。

与农业产业结构一样，自然条件是农业生产合理布局的基础，但农业生产布局还受经济、社会、体制政策等众多因素的影响。随着经济社会的发展，特别是随着科学技术的进步，人类利用自然和改造自然能力的增强，以及交通运输条件的改善，农业生产布局也将随之改变。因此，农业生产布局是各种农业生产要素在空间上的动态组合和不断发展变化的过程。

二、农业生产布局理论

农业生产布局理论是人们在长期的生产实践中，在不断总结实践经验的基础上逐步发展起来的。

在农业生产布局的理论方面，最著名的是德国经济学家屠能创立的农业区位论。屠能根据自己多年经营台楼农场的经验，撰写了著名的《孤立国同农业和国民经济的关系》。在这本著作中，屠能强调了区位对土地利用的影响，认为并不是一个地方适合种什么就种什么，农业的经营方式也不是任何地方越集约越好。他假设了一个"孤立国"：孤立国只有一个城市，且位于中心，其他都是农村；城市是农产品的唯一销售市场；孤立国是一个天然均质的大平原，各地的自然条件完全相同；农产品的运费与其重量及产地到城市的距离成正比；农业经营者以获取最大利润为目的。根据这些假设，屠能提出了六种耕作制度，每种耕作制度构成一个区域，每个区域都以城市为中心，围绕城市呈同心圆状分布：第一圈是自由农作区，主要生产体积大、重量大、易腐烂、不宜长途运输的鲜果、蔬菜、牛奶等农产品；第二圈是林业区，主要生产木材，向城市居民提供薪材、木材和木炭等；第三圈是谷物轮作区，主要生产谷物和豆科作物，采取轮作方式以克服由于距离城市较远而产生的粪便等肥料不足的困难；第四圈是谷草轮作区，主要生产谷物和畜产品；第五圈是三圃农作区，采取谷物-牧草-休闲三圃制，主要向城市提供经过加工的畜产品和少量谷物；第六圈是放牧区，主要畜产品自给，少部分经过加工后运往城市。

屠能的农业区位论为以后出现的各种区位理论奠定了基础，他的研究方法被以后的经济学家广泛应用。当然，屠能的农业区位论只强调了农场离市场的距离这一个因素，而现实中农业生产布局受众多因素影响。因此，屠能的理论只是提供了一种思路，并没有现实意义。

三、农业生产合理布局的意义

农业生产的合理布局，对促进农业生产发展和提高全社会的生产力水平具有重要意义。

（一）有利于农业资源的优化配置

合理的农业生产布局是因地制宜、趋利避害、扬长避短的农业生产布局，因此合理的农业生产布局就意味着在最适宜的地区生产最适宜的农产品，合理安排种养业制度，配套应用先进适用技术，从而有利于充分挖掘资源、品种、技术和现代物质装备的增产潜能，提高农业资源利用率、土地产出率和劳动生产率。

（二）有利于发挥区域比较优势

合理的农业生产布局突出区域特色，有利于把优势区域建成高产、优质、高效、生态、安全的现代农业生产基地，实现规模化、专业化、标准化生产，增强农产品的整体竞争力。同时，可以在全国范围内形成区域特色鲜明、产业分工合理、产业体系完备的农业发展新格局，可以在较高层面上实现农业产业结构的整体优化。

（三）有利于实现农业现代化

合理的农业生产布局是建立在农业生产区域分工和专业化基础上的，它有利于现代农业科学技术和现代农业物质装备的推广运用，有利于农业社会化服务体系的建立，有利于现代农业生产体系的构建。从已经实现农业现代化的国家来看，这些国家大多有比较合理的农业生产布局，即农业生产区域分工，这对促进这些国家的农业生产现代化起了十分重要的作用。

（四）有利于促进整个社会生产力水平的提高

合理的农业生产布局有利于促进全国各地区经济的均衡发展，促进边疆和少数民族地区的经济繁荣；有利于农业、工业、交通运输业和商业设施等在地区分布上的密切配合，节省社会劳动，促进整个社会生产力水平的提高。

四、农业生产合理布局的原则

农业生产合理布局的原则是：因地制宜，充分发挥地区分工对提高农业生产效率的作用。具体来说，农业生产合理布局应遵循以下原则。

（一）因地制宜，扬长避短，趋利避害，发挥优势

农业生产同时受自然规律和经济规律的影响，农业生产布局也受自然规律和经济规律的影响。首先，不同的农业生产部门和项目需要不同的自然条件，而各地的农业自然条件不同，这些不同的农业自然条件对不同的农业生产部门和项目都有优势与劣势的辩证关系。在安排和调整农业生产布局时，要把农业生物因素与自然环境因素有机地统一起来。其次，不同的农业生产部门和项目需要不同的社会经济条件，而各地社会经济条件不同，如基础设施、科技水平、运输条件、社会需求、民族习惯等。因此，安排和调整农业生产布局，要综合分析自然条件和社会经济条件的特点和差异，通过农业区划对农业生产做出具体布局，使因地制宜的原则落在实处。

（二）突出地区特色与均衡布局相结合

农业生产布局首先要突出地区特色，充分发挥地区分工和专业化的优势，但同时也要注意各地区的平衡发展。在不同的地区，由于自然条件和社会经济条件不同，最适合发展的农业生产部门和项目不同，各地区应本着发挥优势的原则，使区域内的资源向重点生产领域集中。同时，也要实现全国农业生产的平衡发展，特别是边远地区、少数民族地区农业的发展。这些地区人口不多，但往往地域广阔，资源丰富，只是交通条件较差，加快这些地区的农业发展，不仅是农业自身发展的需要，也是维护国家安全和政治稳定的需要。

（三）农业生产布局与工业、交通运输业布局相结合

农业为工业提供原料，为城镇居民和工矿企业职工提供生活资料。因此，随着新工业基地的建设，相应地要在其周围建立新的农畜产品基地，以满足企业职工和城镇居民的需要。另外，工业布局也要适应农业布局，尤其是以农产品为原料的工业企业，应尽量安排在原料基地附近，使工业生产接近原料地。合理的农业布局，还必须与交通运输条件相适应。否则，城市和其他地区所需要的农产品难以运出去，本地所需要的工业品和其他地区生产的农产品难以运进来，区域分工就不能实现。只有农业、工业、交通运输业在地区布

局上密切结合，才有利于各行业的发展。

五、我国农业生产布局的优化

我国地域辽阔，农业资源在空间分布上存在着较大的不平衡性。改革开放以来，我国农业布局发生了较大的变化，南北方和东西部的粮食供求格局发生了变化，粮食生产的重心开始由南向北、由东向西转移，长期以来形成的"南粮北调"格局被"北粮南调"取代。但总体看，目前我国的农业布局与资源分布状况还不是很适应，还有进一步改善的空间。优化我国农业生产布局的总体思路如下。

（一）优化农业区域布局

根据我国不同地区农业比较优势的发展变化趋势，明确各地的发展方向。沿海发达地区和大城市郊区，可适当减少粮食种植面积，积极发展高效农业和外向型农业；中部地区和北方地区继续发挥粮棉油生产优势，以农业的深度开发为主，形成全国主要农产品的商品生产基地；西部地区以农业的广度开发为主，逐步将资源优势转化为经济优势；在生态薄弱地区，有计划地实行退耕还林、还草、还湖，发展节水农业和特色农业，把发展农业与改善生态环境结合起来。

（二）集中力量建设一批商品农产品基地

在那些增产潜力大，对全国农产品供求平衡有决定性影响，并且集中连片、交通便利的地区，国家应加大投入力度，改善其生产条件、仓储条件和运输条件，建成商品农产品基地。特别是在东北、黄淮海和长江中下游等水稻、小麦主产区，建成一批优质高效的粮食生产基地。

（三）在农产品产区与销区之间建立起稳定的区域，合作机制

作为一种新型的区域合作关系，农产品产区与销区间的经济交往应体现互惠互利的原则。产区应继续发挥自己的比较优势，向销区提供更多的农产品。考虑到农业生产和农产品市场的不稳定性，区域间的粮、棉、油等大宗农产品交易应建立长期稳定的购销制度。同时，提倡和鼓励经济发达地区到产区投资建设粮、棉、油生产基地，改善产区的生产条件，提高产区的生产能力。

第三章 农业经济发展的金融支持

第一节 农业金融对农业经济的作用机理

一、农村金融对农村经济的促进作用

以下从三个方面来分析农村金融对农村经济的促进作用。

（一）农村金融的融资功能

融资是金融的基本功能之一，为农民提供融资渠道是农村金融的基本功能。与城市居民一样，农民的收入大致可以分为两部分，一部分用于日常生活消费，另一部分则用于投资。在农村金融发展较为滞后的情况下，大多数农民都选择了储蓄作为主要的投资方式，但是这种投资方式的增值率较低，不利于农民财富的迅速积累。而农村金融可以为农民提供更多的投资选择，保证农民在享受各种金融服务的同时实现财富的迅速积累，也就是说农村金融越完善，农民收入越高，就越有利于农村金融融资功能的发挥。

融资是金融的起点，投资是金融的重点。在经济区域中，金融机构能够获得的储蓄量越多，它向市场提供的信贷资金也就越多，借贷人可以通过金融机构的融资来获得更多的资金用于扩大生产，从而推动经济增长。据此可以判断，农村金融的融资功能在推动农村经济增长中主要是通过以下三个途径解决的。

第一，农村金融的融资功能能够解决目前农村资金分散的问题，实现资金的集中利用，资金的提供者能够通过更多的利率增长财富，资金的使用者能够获得更多的资金用于扩大生产投资。

第二，农业生产有着很强的季节性，农民对资金的供给与需求在时间结构上也存在很大的矛盾，需要的时候缺少资金，闲余之际又不知如何安排手上的资金已成为农民普遍存在的问题，而农村金融的融资功能则很好地解决了这一问题。

第三，农村金融机构主要业务是吸收存款、发放贷款、进行其他投融资服务并承担相应风险。业务性质使农村金融机构成为资金供求双方的中介。通过金融机构这一中介，资金供求双方贷存意愿得以实现，农村储蓄者与农村投资者资金供给与资金需求条件的谈判也更加方便。

（二）农村金融使资金使用更加有效

金融支持经济发展在很大程度上取决于金融资金的使用效率。对于农村经济而言，农村金融的发展使农村相对有限的资金得到更好使用。地区、产业、市场主体的不同决定了不同地域的农村对于资金的需求也存在一定差别，有些地区农村闲余资金过多，造成了资金的浪费，也有些地区农村缺少资金，阻碍了农村的经济发展。而农村金融通过为农民提供更多的储蓄渠道来将农村的闲余资金聚集在一起，然后根据不同地区农村的实际发展需求进行分配，使全社会的资金使用更加有效。利率在这一过程中发挥着重要作用，资产所有者会把闲散资金和投资收益率低于市场利率水平的投资资金存入金融机构，从而持有收益较高的金融资产；收益率高于市场利率的资金需求者的资金需求将会得到满足。金融机构和金融中介使整个农村社会资金配置效率大大提高。

（三）农村金融推动农业科技进步和农业生产率的提高

农业生产率的提高是建立在农业生产技术不断发展基础之上的，而农业生产技术的发展很大程度上依赖充足的农业生产技术研发资金的投入。农村生产技术发展较慢是两个原因造成的：一个是农业生产技术的研发者看不到利益的空间，研发积极性受到极大的挫伤；另一个则是资金的分散使研发者缺少足够的资金进行长期的研发。而农村金融的完善与发展一方面解决了农业生产技术研发资金不足的问题，另一方面也减少了传播与应用的阻碍因素和某些阻碍因素的阻碍程度，使其应用空间扩大，从而更易于推动农村地区科学技术的发展、应用与传播。

二、基于金融深化理论的农村金融支持农村经济发展的作用机理

（一）金融深化的内涵

1. 金融抑制与金融深化

（1）金融抑制

金融抑制与金融深化是同一问题的两面。金融抑制主要指政府对金融体系的严格管

理，包括金融机构的市场准入、市场经营、市场推出、货币政策等，以行政手段对金融体系的方式、方向、结构和空间布局进行严格的管理是金融抑制的最主要特点。但是对于金融市场而言，金融抑制的存在导致金融体系脱离了其固有的发展轨道，金融市场中各种类型的资金价格遭到扭曲，资金需求者也无法以合理的方式和可以承受的价格获取需要的资金。市场经济有存贷款利率上限，如果在以银行为代表的金融机构遵守市场规则，存贷款利率没有超过市场经济上限的情况下，政府通过行政手段进行干预，那么就会传达给市场主体各种错误的信息，引导市场主体做出错误的决策，造成生产与投资结构的不合理与资源的错误配置，可贷资金的非价格配给现象必然发生。

事实上，金融抑制除了表现为利率和汇率的价格扭曲之外，金融体系的"亚健康"状态也是金融抑制的一个重要表现。"金融亚健康"状态出现的原因主要是金融体系缺少发展的良好环境，政府对金融的过度干预使金融体系发展道路出现了变形。总之，金融抑制减少了由金融体系对储蓄者、企业家和生产者提供的金融服务，进而阻碍了创造性活动，导致经济增长缓慢。

（2）金融深化

如果说"金融抑制"是问题及成因研究，那么"金融深化"则是针对这一问题的解决对策研究，因此金融深化理论自被提出以来就受到发展中国家诸多经济学者的重视。他们对金融深化理论进行了深化。

本书中所强调的金融深化是动态的概念，主要包括三个层次：一是金融增长，也就是金融规模不断扩大；二是金融工具（金融机构）的增多与金融结构的优化；三是政府逐渐放宽对金融体系的管制，在市场机制的自发下逐渐完善，金融效率不断提高。

2. 金融深化的原因与动力

（1）信息不对称

信息不对称指的就是市场中交易双方对交易信息的掌握情况不对等，导致掌握较多市场信息的一方利用市场优势在交易中占据主导地位，损害另一方的利益。

逆向选择是由于信息不对称而常常在交易发生之前出现的问题，即在几个潜在的借款人当中，越是最后准备不想偿还的那个借款人，可能会表现得越积极，越想急于得到这笔贷款。因此，逆向选择增加了给信用差的人贷款的机会，即使市面上还有信用很好的借款人，贷款人也可能选择不发放任何贷款，因为他不愿意冒这个风险。

（2）交易成本

什么是交易成本？可以通过一个例子很好地看出来：假如一个人想把自己手中的800

元用于投资，当他购买股票时，证券公司告诉他资金太少，无法投资。如果真想投资，那么按照证券公司的最低收费标准，800 元中将有一半成为证券公司的报酬。当他想购买债券时，发现债券的最低面额是 1000 元，也无法投资。以证券公司为代表的金融机构之所以如此确定最低收费标准和最低面额，原因就是金融机构在收费之前就已经进行过计算，资金太低的投资收益与自身所花费的时间和精力是不成正比的。因此，交易成本指的就是完成交易所需的全部成本。

解决交易成本问题的方法是"规模经济"。规模经济就是通过增加交易规模来降低交易成本。根据金融机构的设定，投资规模越大，交易成本越低，因此将许多小投资的资金捆绑在一起进行投资就能够很好地解决交易成本问题。这也能够解释为什么金融市场中金融中介与金融产品越来越多，事实上很多金融中介与金融产品都是为实现规模经济服务的。例如，共同基金就是通过规模经济为中小投资者提供投资便利，降低交易成本，并充分实现投资风险的分散。其他金融中介，包括金融机构，也包括金融产品，也都是因此发展起来的有效的金融体系，会降低金融中介的成本，提高资金配置的效率，最终促进经济的增长。

3. 金融深化的表现

每一次金融分工都是金融深化的表现，从传统的银行这一兼顾所有金融业务的金融机构到证券公司这一单独负责股票、证券投资金融机构的出现，可以看出金融分工的专业化程度在不断加深，随之而来的是金融市场中金融机构的数量迅速增加。而金融机构的增加不仅意味着金融交易方式更加多元化，更意味着金融需求和金融供给不断扩大，这也就刺激新的金融产品与机构出现，实现了金融市场发展的良性循环。具体来说，金融深化的表现主要有以下几点。

(1) 专业生产和销售信息的机构的建立

信息不对称是市场交易中普遍存在的现象，解决这一问题的关键在于建立交易商制度。交易商指的是专业生产和销售信息的机构，专业生产和销售信息机构的建立是金融深化的一个重大表现，标志着金融体系的一些固有缺陷已经得到了重视。当然，专业生产和销售信息的机构的建立并不能完全消除逆向选择问题，因为很多投资者会跟随购买信息的人进行投资，即经济学中的"搭便车"，这些投资者的资质是难以保证的。

(2) 政府采取措施进行管理

随着对金融深化研究的深入，经济学家们也意识到了政府彻底放弃对金融的管制对于金融体系的发展有害无利，因此政府采取措施对金融进行宏观管控也是金融深化的一个重要表现。值得注意的是，金融深化环境下的政府管制与金融抑制下的政府管制存在很大差异。金融深化下的政府管制主要以制订和执行统一的会计标准、信息披露标准为主，在金融市场中承担裁判的职责。

（3）金融中介在金融发展中有重要作用

银行、货币经纪公司、信托公司、证券公司、基金管理公司等金融中介的出现和专业化分工，是金融深化的最重要表现。它们分别以不同的方式和成本，根据各自对风险的好恶程度和承受风险的能力，选择不同的交易对手和金融交易产品，作为各自的业务经营重点，而把自己同其他的金融机构区别开来。在这些机构中，商业银行最具有特殊性，它单独向客户发放贷款，因而能够有效地防止出现"搭便车"的现象。因此，银行也是能够减少不对称信息的金融中介机构。在发展中国家的金融体系中，银行一直承担最重要的金融中介作用。

（4）限制条款、抵押和资本净值

金融深化在金融交易中的表现是相关合同条款越来越明确，限制性条款越来越多。金融交易本身就存在很大的不确定性。例如，借款人以种种理由为借口不归还借款或者擅自将资金挪用他处等。这种情况下，贷款人为了避免出现自己不想见到的事项就会在合同中设置限制性条款。限制性条款通常包括限制借款人从事某些活动和高风险投资、鼓励借款人采取一些有利于保证贷款偿还的措施、要求使抵押品处于良好的保管状态、要求借款人定期及时地提供其经营状况的信息。

总之，金融深化的表现就是金融深化理论固有缺陷的弥补过程。金融深化的典型特征就是金融体系发展由市场决定，而实践证明在缺少外在因素的情况下，金融体系必将朝着单纯的资本运作的方向发展，这不利于社会生产性投资的扩大。因此采取种种措施对金融体系进行限制既是金融深化的表现，也是金融深化的重要内容。

（二）基于金融深化理论的作用机理逻辑模型构建原理

1. 农村金融深化效应

（1）金融深化的储蓄和投资效应

金融深化理论的基本观点就是利率管制不仅没有发挥出金融推动资本积累的作用，反而因利率较低导致农民的储蓄意愿大幅度下降，进而抑制了资本积累。实际利率的提高既能增加资本形成的数量，同时又可以提高资本形成的质量。

（2）金融深化的投资效率效应

金融深化能够提高投资效率是由以下四个因素决定的：一是金融市场的发展将会逐步对资本市场进行整合，如此可以减少地区和行业间的投资收益的差异性，进而提高投资的平均收益；二是金融深化能够减少政府金融政策的不确定性，进而帮助投资者做出理性选择；三是金融发展使资源得到更合理的配置和更有效的利用，提高投资的平均收益率；四是金融发展使实物财富可通过中介机构或证券市场进行交易和转让，以促进投资效率的提高。

2. 效应对农村经济的影响

随着农村金融体系的发展和实际利率的上升以及农村金融深化程度的加深，储蓄倾向和投资效率会得到增强，投资会相应增加，农村国民收入增长率随之提高。

3. 基于金融深化理论的作用机理逻辑模型归纳

结合以上分析，可以归纳得到基于金融深化理论的农村金融发展对农村经济增长作用机理的逻辑模型。

基于金融深化理论的农村金融发展对农村经济增长的作用机理可以归纳为信息不对称和交易成本产生了农村金融中介和农村金融市场，农村金融中介和农村金融市场的发展通过农村金融系统的规模、结构和效率来影响全国的金融深化，农村金融深化通过储蓄、投资和资源配置三大效应促进农村经济增长。

（三）农村金融深化程度的衡量

对于农村金融而言，金融深化的表现主要体现在农村金融规模的扩大、农村金融结构的优化和农村金融效率的提高三个方面。

1. 农村金融规模

对农村金融规模大小的评估可以从两个方面进行，即农村金融资产评估和农村金融相关率评估。从理论上来说，资产评估应当包括证券性金融资产、货币性金融资产和其他具有不同用途的专项基金。但是由于农村金融的发展尚处于起步阶段，这些数据很难统计，而且与城市金融市场相比，农村居民所拥有的各种证券、保险和基金更是少之又少。因此，本书主要采用金融机构的存款以及现金流量作为金融深化测算的依据。戈德史密斯常用金融-经济比率关系、金融相关率来描述金融发展的规模。随着改革开放的不断深入，农村经济快速增长，农村金融发展的规模将迅速扩大。

2. 农村金融结构

随着人均收入的不断提高，金融相关率也会不断增加，集中体现在金融结构会随着人均收入的增长而出现一定的变化。农村金融主要是以间接融资为主，因此对于农村金融结构的变化研究也主要从这一角度展开。

3. 农村金融效率

农村金融效率大致包括金融机构自身的经营效率和金融资源的配置效率两部分。由于农村金融机构诞生的时间较短（政策性国家银行除外），因此目前很难准确地把握农村金融机构自身的经营效率。本书主要从农村金融资源的配置效率方面对农村金融效率进行研究。农村金融资源的配置效率可以根据存贷款之间的关系进行衡量。

（四）基于金融深化理论的作用机理实证分析

1. 模型与数据

根据前文基于金融深化理论的农村金融发展对农村经济增长作用机理的理论分析得知，农村金融深化作用于农村经济增长的机理是，以农村金融规模、结构和效率衡量的农村金融深化产生储蓄效应、投资效应和资源配置效应，以促进农村经济增长。

2. 实证结果分析

根据上述实证研究结果，可以进一步综合分析。

第一，通过上述实证研究，可以发现投资、储蓄和投资效率对于农村经济增长有着十分明显的影响，利率作为金融的核心要素，对于农村经济的增长影响并不是很大。由此可以看出，利率在农村经济增长中的作用在逐渐减弱。这在某种程度上和"向上金融抑制论"不谋而合。原因在于随着农村金融的发展，金融机构的多样化使得利率不再是农民进行投资的首要考虑因素，因此利率对农村经济的影响越来越小。

第二，农村金融深化规模指标对储蓄和投资有显著的正向作用。说明农村金融的不断发展有助于农村储蓄和投资水平的不断提高，进而推动农村经济的不断增长，进一步验证了农村金融对农村经济增长的支持作用。

第三，农村金融结构的变化对于农村的储蓄和投资有着明显的影响，说明农村贷款结构的变化有助于农村储蓄和投资的增加。虽然本书只是从农业贷款和乡镇企业贷款的方向对农村贷款结构进行了分析，但是也可以看出乡镇企业贷款的不断增加为农村提供了更多的投资选择，有助于进一步促进农村储蓄和投资的增加。

第四，农村金融发展规模对投资效率有显著的反向作用。说明农村金融发展规模的增加并没有提高农村投资的效率，所以农村金融发展通过投资效率以促进农村经济增长的作用路径不能成立。

第五，农村金融发展效率对于农村储蓄、投资和投资效率的影响并不明显。导致这一现象的原因有两个：一是农村金融发展效率先天就不会对农村的储蓄、投资和投资效率产生影响，二是目前农村金融发展效率较低，导致其影响没有充分体现。

综上所述，农村金融深化对农村经济增长的作用机理主要是通过农村金融发展规模的扩大来提高储蓄和投资水平以促进农村经济增长。其他作用路径不显著。农村金融发展效率不高和农村投资效率不高，成为阻碍农村经济增长的重要原因。

第二节　构建完善的农业金融组织体系

一、农村金融组织体系理论述评

（一）农村金融组织体系的含义及构成

农村金融组织体系的含义分为广义和狭义。从狭义的角度来看，农村金融组织体系指的就是农村金融组织，即以农村金融为主要业务的金融机构；而从广义的角度来看，农村金融组织体系包括农村金融组织、农村金融制度、农村金融的运行机制等，具体如下。

1. 农村金融机构

各类金融组织是农村金融体系的主体，也是农村金融服务的供给者，在整个农村金融组织体系中居于基础性地位，包括农村商业性金融组织、农村政策性金融组织、农村合作金融组织和民间金融组织等形态，在后面章节中将具体展开。

2. 农村金融制度

农村金融制度指的是国家为确保农村金融活动的顺利开展制定的一系列规章制度，目前中国农村金融制度主要包括信用制度、信贷管理制度、利率制度。

3. 农村金融运行机制

金融活动不是简单的借贷，农村金融机构作为农村金融的主体，其金融服务职能也不是直接面向农户发挥的，而是通过一系列的运行机制来完成的，目前中国农村金融运行机制主要包括融资机制、风险分担机制、运作机制、监管机制、市场准入机制等。

农村金融组织体系不是一个简单的个体，而是多种金融因素的综合，其中金融机构与农户是农村金融组织体系的主体，二者承担着金融供给与需求的角色。农村金融制度是保证农村金融能够沿着正确道路发展的重要保证，也是保证借贷双方利益不可或缺的措施。农村金融运行机制则是农村金融机构健康稳定发展，保证农村金融能够充分发挥其对农村经济增长作用的重要保障。

（二）农村金融组织体系在农村金融中的地位及其改革意义

金融组织状况决定了金融体制和机构中各组成部分的职能与地位，以及它们之间的相互关联、活动规则及行为方式，是国家金融发展的关键因素。农村金融组织是农村金融服务职能的载体，是整个农村金融服务体系的基本支撑，该体系是否健全，在很大程度上决定着农村金融改革的成效。

1. 农村金融组织体系在农村金融中的地位

农村金融组织体系由金融机构、金融制度、金融运行机制构成。其中金融机构作为农村金融活动的主体，是农村金融的基础，金融制度是农村金融的保障，金融运行机制则是农村金融服务的载体，可以说农村金融的一切活动都是围绕着金融组织体系展开的。具体来说，农村金融组织体系的不同组成部分在农村金融中的地位也是有所差别的。

农村金融机构作为农村金融的主体，它在农村金融中有很重要的地位，事实上农村金融机构是农村金融的供给者，农村金融机构的数量与质量直接关系到农村金融需求能否得到满足，如果农村金融机构较少，那么农村金融将会处于供小于求的环境中，农村金融利率将会不断提高，阻碍农村经济的发展。此外，金融机构也是农村金融活动开展的重要场所，大部分金融活动都是在金融机构中展开的。

2. 农村金融体系改革的意义

金融组织体系体现了金融系统中所有参与者地位、职能和相互关系，甚至在一定程度上决定着彼此的活动原则和行为准则。因此，以完善农村金融组织体系为切入点，通过改革农村金融组织体系，可以从根本上变革和完善整个农村金融体制的基础结构。具体来讲，农村金融体系改革从以下三个层面进行分析。

（1）从宏观层面看

农村社会经济的发展必然离不开强有力的资金支持，也离不开农村金融的发展。农村金融可以通过融资来促进农村经济的增长，其本身就是农村经济的重要组成部分，缺少金融市场的经济体系是不完整的。

（2）从中观层面看

农村金融体系改革是农村改革的重要组成部分，关系到新农村建设的发展。事实上，农村金融体系改革并不是简单地对金融机构、金融制度等进行改革，而是涉及农村经济建设的各个方面，这是由金融与经济之间的密切关系决定的。例如，金融制度是金融市场发展到一定阶段的必然产物，但是这并不意味着金融制度完全依赖金融市场产生，相反，金融市场的发展对于金融制度的出现仅有推动作用，金融制度是社会经济发展的产物。农村社会经济的不断发展必然导致之前一些经济活动中自然形成的约束机制效用下降，这就需要将这些机制上升到制度的层面，以对农村社会经济活动进行约束。金融制度正是诞生于这一背景下，经济的发展导致农户思想发生了变化，进而影响农户对金融借贷的理解，促使金融制度的出现。

（3）从微观层面看

金融体系改革的一个直接表现就是农村金融网点的不断增加，自各大商业银行商业化改革以来，由于农村金融的收益周期长、效率低，商业银行在农村的营业网点被不断压缩，使农村的金融需求无法得到满足。而金融体系改革的一个重点就是促使商业银行将资金流入农村，增加农村的金融供给，这些都需要相应的营业网点给予支持。因此，从微观层面看，农村金融体系改革所带来的直接影响主要体现在两个方面：一是农村的小额资金需求问题得到了解决，与非正规金融机构相比，正规金融机构的业务更加丰富，也能够更好地解决农村的资金需求；二是农村营业网点的增加为农村金融活动提供了很大的便利，自正规金融机构纷纷从农村撤离以来，农村的金融活动就受到了抑制，农户既没有进行金融活动的场所，也没有能够给予帮助的金融机构，而营业网点的增加则使农村金融活动更加便捷，带动了农村金融市场的活力。

（三）农村金融组织体系优化的基本内涵

1. 农村金融组织体系优化的目标和原则

农村金融组织体系优化指在正确的原则指导下，通过恰当有效的改进和变革的方法，使现有体系向目标定位明确、制度规则合理、体制健全、功能良好的有机互动体系转变的过程，要完成这一转变，实现农村组织体系的优化，就必须先确定现阶段我国农村金融组织体系优化的总体目标和指导原则。

（1）总体目标

农村金融是为农村经济发展服务的，因此农村金融组织体系优化的总体目标就是以农村金融的可持续发展促进农村经济的持续稳定发展。"三农"问题的严重性以及农村金融发展现状的复杂性决定了农村金融组织体系的优化必须建立在宏观的战略高度上，不能将金融组织体系的优化简单地与农村金融机构的增加、金融制度的完善等同起来，而是要从资本的产入和产出着手，推动农村经济的增长。具体来说，农村金融组织体系优化的总体目标应当是在避免农村闲置资金流出的同时通过金融手段来不断地增加农村生产性投资，对农村生产资源进行合理配置，提高农村的社会生产力，促进农村经济的增长。

（2）指导原则

农村金融组织体系的优化不是一朝一夕就能够完成的，更不是头脑一热就能够实施的，作为国民经济的重要组成部分，农村金融组织体系关系到农村经济的发展。因此，农村金融组织体系的优化必须在一定的原则指导下进行。具体来说，可以分为三个原则。

第一，差异性原则。一直以来我国的区域经济发展都十分不平衡，集中体现在东部地区的经济发展水平远远高于中西部地区，在农村金融上，东部地区农村的金融发展也较好，可以说无论是经济还是金融，我国区域经济都存在很大的差异，这就决定了在进行金融组织体系优化的过程中不能采用"一刀切"的方法，要结合区域经济现状有针对性地采取措施。例如，西部地区农村的金融需求主要体现在小额资金需求上，借贷更多的用于农业生产上，这就需要金融机构推出一些周期长、利率低、数额小的金融产品，而中部地区农村企业处于萌芽状态，对于资金的需求量较大，这就需要金融机构放宽借贷政策，扶植农村企业发展等。

第二，渐进性原则。农村金融组织体系的优化不是一蹴而就的，它需要长期的理论研究和实践探索。因此，在优化的过程中要始终坚持"摸着石头过河"的渐进性原则，避免"拔苗助长"。近年来，农村金融改革已出现追赶先进之风，部分地方政府为了追逐经济发达地区的脚步，盲目地将这些地区农村发展金融的措施照搬在本地区，不仅没有促进金融与经济的发展，反而损伤了金融根基。对此，要结合本地区的经济现状，一步一个脚印地进行金融体系改革，确保每一次改革都能够充分发挥出金融对经济增长的支持作用。

第三，扶持性原则。农业的基础地位和弱质性决定了社会对农副产品的需求和农村经济社会发展对包括金融服务在内的多方面需求，具有社会公共需求特征。政府对包括农村金融在内的农村经济社会发展就负有不可推卸的责任，农村金融服务的供给就不能完全遵循商业化、市场化原则。政府应通过组建专门的政策性金融组织和对其他农村金融组织提供适当补贴以保证农村金融组织体系的健全和稳定运行。扶持性原则是我国实现农村金融可持续发展目标过程中必须长期坚持的原则。

2. 农村金融组织体系优化的指标表现

农村金融组织体系优化主要通过微观、中观和宏观三个层次的指标来衡量和评价。

（1）微观指标

微观指标主要是用于对农村的金融机构的绩效进行评估，20世纪90年代之前，人们往往习惯于用财务指标来衡量金融机构的绩效，例如通过对金融机构的存贷款额来评估金融机构的绩效等。但是这种评估方式忽略了农村金融机构在运营过程中从社会与政府中获得的各种补贴，因此评估结果并不能够真实地反映出金融机构的绩效，也不能由此推断金融机构对农村经济增长所做出的贡献。

（2）中观指标

中观指标是指从整体上对农村金融组织体系进行衡量的指标。中观指标通常从规模和速度两方面进行考察。规模指标包括农村金融机构数量、营业网点分布、从业人员人数及学历水平、年末机构的存款总额、贷款总额、资产总额等。速度指标包括存款增长率、贷款增长率、资产增长率、收入增长率和利润增长率等。这些指标从产业的视角对由农村金融组织体系支撑的农村金融业进行反映，是对产业发展做出客观评价的重要标准。

（3）宏观指标

宏观指标从农村经济发展的战略高度来反映农村金融组织体系对农村经济发展的作用，衡量金融对经济的贡献程度通常用金融深化指标以及金融的宏观效率指标来表示，因此，常用的指标包括农村储蓄存款/农村GDP、农村贷款/农村GDP、农村金融资产/农村GDP、农村广义货币供给量/农村GDP、农业资本形成总额/农村储蓄总额等。通过计算这些指标，可以确定农村金融的储蓄动员能力、农村储蓄向投资转化的效率和农村金融深化的程度等，反映农村金融对农村经济的贡献程度。

二、农村金融组织体系的完善

（一）农村金融组织体系完善的总体思路及建议

金融组织体系对于经济增长的重要性不言而喻，也正是意识到这一问题，自中华人民共和国成立以来，党中央和国务院就十分重视农村金融组织体系改革，虽然过程曲折，但是农村金融组织体系改革的基本思路是始终不变的。总体思路如下。

1. 农村金融网点的广覆盖面

金融机构是金融组织体系的主体，是最主要的金融供给者，当前党中央关于农村金融机构改革的基本依据是从质量和数量两个角度进行。其中质量指的是农村金融机构要在改革中逐渐朝着多元化的方向发展，最终实现金融机构的类型多样化，业务覆盖农村经济的各个方面；数量主要指的是经过改革农村金融机构的网点要能够覆盖所有农村，为农村经济需求提供即时服务。

2. 农村金融组织机构发展的可持续性

持续性发展是金融组织体系改革的基本要求，无法实现持续发展的金融组织体系是无法发挥其对经济增长的作用的。因此，中国农村金融组织体系改革的基本原则就是坚持可持续性原则，即不断降低农村金融组织机构的不良贷款率，提高农村金融组织机构的总利润，提高农村金融机构的资本充足率，进而实现农村金融组织持续、良性运转。

3. 重组和改革是发展的硬道理

不同时期的农村经济发展特点不同，因此一种农村金融组织体系是无法适应农村经济发展现状的，农村金融组织体系改革要坚持不断地结合农村的实际经济发展状况进行重组和改革。例如，当前中国农村金融组织体系改革的重点就是建立明晰的产权制度和合理的法人治理结构，积极有效地进行商业运作。

4. 制度保障与政策支持是关键

与第二、第三产业相比，农业具有一定的劣势，因此农村经济发展需要国家金融政策的支持。这就决定了金融组织体系改革要将重点放在制度保障与政策支持上。

5. 构建不同组织类型的协作体系

从之前以中国人民银行、中国农业银行等正规金融机构主导农村金融到正规金融组织与非正规金融组织并存，中国农村金融组织体系改革历程表明构建不同的金融组织结构是改革的基本基调，这是由农村金融需求随着经济发展呈现出多样化、多层次的特点所决定的。正规金融组织固然在资本、业务等方面具有较大的优势，但是农村金融也存在一些正规金融组织无法满足的需求。因此，农村金融组织体系改革的基本基调就是创造条件建立非正规金融和正规金融之间的金融联结，实践中可以放宽准入限制、吸纳民资到正规金融市场。引导大型金融机构支持农业龙头企业发展，为小型农村金融机构提供批量贷款，同时加强对小额贷款公司和小型乡村银行的政策支持，将其作为连接大银行和农户的纽带，放宽小额贷款公司市场准入条件。大型商业银行与小型农村金融机构建立联系机制，分为批发贷款、代理分销、中间业务、综合业务四种模式。

综上所述，可以确定中国农村金融组织体系改革的总体目标是：以正规金融组织为主体，以非正规金融为辅助，以为农村经济发展提供制度保障和金融支持为重心，构建覆盖所有农村以及农村经济各个方面的金融组织体系。

（二）农村金融组织改革的主要内容

不同类型的农村金融组织存在的问题不同，但是总结这些问题可以发现一些共同之处，如经营战略的定位不明确、金融业务不清晰等，因此农村金融组织改革应当从以下几个方面着手。

1. 经营战略的准确定位，切实把支农纳入经营目标体系

农村金融组织虽然也在谋求自身经济效益的最大化，但由于"三农"发展意义重大，地位突出，加之对农村金融组织的资金需求日益提升，因此各农村金融组织要把发展农业、支持农村发展作为自己经营目标的一部分，特别是更具有特殊性的农村金融组织，如农业银行，它是支农的重要力量，在把握整体改制、商业运作、投机上市的同时，要做好支农工作。第一，经营战略的准确定位，把支农作为经营目标的重中之重。第二，组织体系变革，决策权下移。不断尝试支农"事业部"组织结构，给下面的农行更多的决策权。这样使下面的农行更能结合农村实际需要开发金融产品（如金穗惠农卡）。我们可以围绕推广惠农卡和发展农户小额贷款业务工作，创新发卡方式，做实贷款功能，完善服务渠道，改善用卡环境，探索惠农卡发行整县推进、农户小额贷款集中发放与管理的有效模式，努力实现惠农卡全覆盖、农户小额贷款广覆盖。第三，农行产品开发的创新。不断开发一些满足农民需求，符合农民用款特点的新产品。

2. 创新农村商业金融组织信贷服务的种类

农村金融组织在制订发展金融业务时要结合农村当前金融需求来进行，这样既能够保证金融业务的竞争性，也能够弥补农村金融业务的不足。相反，所有农村金融组织一股脑地办理同一种金融业务只会因巨大的竞争压力导致金融组织的利益受损。

3. 成立企业担保中介

农村中小企业、农民贷款的突出问题是自身条件达不到商业金融组织的要求，农村商业金融机构贷款于这样的用户往往与自身追求经济效益最大化相悖，这都极大地影响了供给。因此，我们有必要让地方政府部门牵头，会同一些企业共同成立中小企业、农民用款担保中心，来尽力解决中小企业、农村发展中出现的资金瓶颈问题。

4. 积极探索农村贷款保险业务

金融支农的主要表现就是各类贷款业务，近年来农业保险业逐渐受到重视，积极地探索农村贷款与保险业务应当成为农村金融组织改革的着眼点：一方面农村金融组织应探索农业贷款的多样性，为农户提供不同的信贷供给；另一方面为了确保农业生产的安全性，金融组织也应当涉足农业保险领域，在降低农业生产风险的同时也提高了农业贷款的安全性，避免贷款人因生产风险出现无法偿还贷款的现象。

（三）农村政策性金融组织改革的主要内容

1. 加强农发行各项基础性工作

目前，中国农业发展银行的基本业务是粮棉油贷款，每年农业发展银行用于粮棉油贷款的资金占据全年粮棉油产量的一半以上，对此农业发展银行一方面要继续加强粮棉油贷款工作，另一方面也要积极拓展新的业务，例如发展农业产业化经营贷款业务、农业科技研发贷款业务、农村基础设施贷款业务等。

2. 建立现代企业制度

中国农业发展银行真正按照"产权清晰，权责明确"的要求建立完善公司治理结构，只有这样才能实现决策的科学化，以更好地防范金融风险，实现和提高经济效益。我们要加强以下两个方面的工作，以建立更有效的现代企业制度。第一，董事和董事会、监事和监事会要发挥实际作用，不要形同虚设；第二，内部制衡机制、激励机制的建立可以有效地提高自身运行效率。

3. 优化资金营运机制

目前，农业发展银行存在的重大问题就是资金运营效率较低，这固然是由其政策性金融业务所导致的，但是银行本身的创新力度不够也是不容忽视的。因此，农业发展银行一方面要积极地拓宽融资渠道，摆脱对中国银行再贷款依赖性过高的现状；另一方面也要对现有资金进行更加合理的应用，根据农村经济发展需求创新业务。

4. 建立有效的风险防控机制

合理有效的风险防控机制对于农业发展银行的正常运行十分必要，这是复杂动态的工作。具体做法是：完善内部控制体系；形成部门内部自我约束、部门之间相互制约、上级行对下级行有效控制的机制；实行领导干部任期、离任责任稽核，加强监督检查，严厉惩治违规违纪违法行为等措施。进一步完善信贷管理制度、信贷管理责任制和审贷分离制度，形成有效的防范风险的内控机制。

（四）农村合作性金融组织改革

全国各地的农村信用社改革，取得了巨大的成功。农村信用社改革的成功与以下两点因素密不可分。

1. 国家的政策扶持

上文已经提及，农村信用社比较特殊，历史遗留问题比较严重，为了减轻农村信用社的历史包袱，推进改革试点工作的顺利进行，国家应给予扶持优惠政策，如税收减免政策。通过政策促进农村信用社更好更快地发展；应放宽合作金融市场准入限制，加大税收优惠力度，政府提供融资帮助；创造公平竞争、信用良好的农村金融环境，对信用社承担的政策性业务制定优惠政策和激励机制，约束地方政府行政干预，加强法制建设。

2. 产权制度优化是改革成败的关键

对于农村信用社而言，改革首先需要解决的就是信用社的产权问题，特殊的发展经历导致了农村信用社的产权制度较为混乱，一方面是信用社本身采用的多元化主体，股权结构多元化的产权方式；另一方面多年的"官办"意识导致农村信用社自诩为国家企业，二者的矛盾造成了农村信用社产权不明晰的问题。明晰产权关系成为农村信用社改革成败的关键。在改革中，农村信用社一方面确定了合作性金融组织的特性，另一方面则是对信用社的股份构成进行查证，确定了每一位参股方的股份，股份制改革成为农村信用社产权制度改革的重中之重。

（五）农村民间性金融组织改革的主要内容

民间金融改革的关键在于运营管理的规范以及借贷双方合法权益的保护，因此民间金融的改革内容主要包括两方面。

1. 加速民间金融组织正规化进程

民间金融之所以运营管理不规范，很大原因在于国家政府对民间金融态度的"暧昧性"，一方面政府不否认民间金融的存在，另一方面因之前高利贷盛行，携款而逃事件层出不穷，政府对于民间金融始终抱着高度的警惕性，这种矛盾态度导致目前中国并没有关于民间金融市场准入和退出机制的相关政策规定，民间金融组织管理也处于摸索状态。因此，如何将民间金融组织正规化，促使民间金融走上前台成为农村民间金融组织改革的重点之一。

2. 合理的市场定位

不规范的经营管理导致民间金融借贷双方的合法权益无法得到保障，采取何种做法来保护借贷双方的权益是民间金融组织改革的重要内容。对此，政府要承认民间金融的合法性，鼓励民间金融主动融入农村金融组织体系中，这便于政府更好地对民间金融组织进行监管；对于民间金融利率较高的问题，政府要出台相应的法律法规来限定利率的上限和下限，这有利于维护双方的权益。

第三节　农业经济发展中金融支持的对策

一、加快农村金融制度创新

（一）放宽农村金融市场准入限制

金融抑制对于金融市场的发展弊大于利，理想中的金融市场应当是政府的宏观管控与金融市场自由竞争并存。政府的宏观管控能够确保金融市场不会彻底成为资本的工具，能够将更多的资金应用于生产性领域，自由竞争的存在能够不断促使市场的主体——金融机构提高金融服务质量，拓宽金融服务领域。因此，为了创造良好的金融市场竞争环境，政府需要进一步放宽农村金融市场的准入限制，鼓励农村发展非正规金融，实现农村金融供给的多元化。这样不同金融机构之间的市场竞争将会在一定程度上降低农村的融资成本，同时金融机构越多也就意味着提供的金融服务越多，农村多层次金融需求就能够得到满足，最终实现金融业务覆盖农村经济的各个方面，发挥农村金融对农村经济的支持作用。

（二）建立有效规范的金融业市场退出机制

目前，中国农村金融市场仅有完善的进入机制，却没有规范的退出机制，这种现象导致了金融机构一旦进入农村金融市场，无论成败都不能随意从农村金融市场退出，造成了农村金融市场秩序极度混乱。健全、稳定、高效、创新和可持续发展的市场和行业体系是建立在规范合理的市场准入与退出机制基础上的，其中完善的准入机制能够确保金融机构的质量，避免金融风险的出现，而规范的退出机制则能够保证金融市场通过优胜劣汰的市场竞争将无法对农村经济增长起到支持作用的金融机构摒除在外，实现农村金融市场的良性循环。

二、加强农村金融基础设施建设

（一）建设主体的确定

由于农村金融基础设施是为整个农村金融组织体系服务的，因此让某一金融机构承担金融基础设施建设的任务是不现实且不公平的。因此，在理论上政府是农村金融基础设施的最佳建设主体，由于金融机构有正规与非正规之分，本书建议在建设主体的选择上，可以由政府牵头，将农村一定规模以上的金融机构组织起来，共同承担金融基础设施建设的职责。这种做法一方面可以降低政府在金融基础设施上的投入，另一方面也兼顾了农村各个金融机构的利益。

（二）金融基础设施建设内容

与实体经济相比，金融基础设施建设的最大特点就是建设内容主要集中在金融机制的完善上，其中金融监管机制的构建是农村金融基础设施建设的重中之重。对于农村金融监管机制的完善可以采取以下措施。

1. 采取分级监管模式

将金融监管分为中央监管和省级监管两部分，其中中央监管主要负责国内农村金融的整体管控，省级监管则负责更加细致的金融监督。这种做法可以改变之前单一监管模式下监管过度的现象，同时中央监管与省级监管也将金融风险分散到中央政府与省级地方政府，能够有效地降低金融风险所带来的损失。

2. 在监管内容上要实现从机构监管向功能监管的过渡

中国金融监管的工作重心以往是对金融机构进行监督，这种做法挫伤了金融机构的创新能力，导致金融机构在业务创新时首先考虑的不是业务的适用性，而是业务能否通过监管部门的审核。而将监督的重心放在金融功能的发挥上则可以赋予金融机构更多的自主权，在不违背金融机构功能的情况下，金融机构可以根据农村需求推出相应的金融业务，进而推动农村经济增长。例如，中国农业发展银行只要不违背其为国家农业政府服务的基本职能，金融业务的开展就不会受到干扰。

3. 加强基层监管力量的建设

对一些管辖地域广、人口多且金融较发达的县级监管办甚至需要升格为分（支）局，扩充编制,加强一线监管队伍建设。加大基层监管设施的投入,加快现代化的监管网络建设,提高基层适时监管和非现场监管的手段和能力,解决农村基层地区的监管不足问题。

三、加快农村金融工具的创新

(一) 金融创新的动因及作用

创新是农村金融机构发展的动力,是提升农村金融服务水平和竞争力的关键。要快速适应农村经济社会发展对金融业的新需求,必须大力支持农村金融服务创新,加快完善农村金融服务功能,努力提高农村金融服务水平,不断满足农村日益增长的多样化金融需求。

金融创新的主体是金融企业。关于金融创新的成因,经济学界有两种解释:一种解释是,金融创新的原因是利润的诱导,即金融企业为追求潜在利润而进行的金融创新,这是一种拉力,是金融主体的内在需求;另一种解释是,金融创新之所以能够实现,主要是由于经济环境的压力,即金融企业为逃避金融管制、规避风险而进行的金融创新,这是一种推力,是金融客体的外在供给。金融创新给使用新工具的金融机构和客户都带来了明显的益处。二者都不同程度地享受到这些新成果带来的成本降低、风险减少的好处。从微观的角度看,金融创新使单个经济实体的经济效率得到了提高。从宏观的角度看,一是金融创新扩大了金融机构资金来源渠道。新的金融工具的产生使金融机构获取资金来源的方式和渠道都发生了很大变化。二是金融创新加强了利率杠杆作用。新的金融工具的出现,使法定利率的作用越来越弱,市场利率的功能越来越强,银行的资产与负债项目利率也随着市场利率的变化而变化。三是金融创新推动了金融自由化的进程。

(二) 金融工具的创新

银行之间的竞争实际上是产品的竞争。事实上,存、贷款业务在农村并不能创造多少利润,还有可能赔钱,因此可以靠中间业务如基金销售、代理保险等获取利润,而这必然对产品有着较高的要求。

1. 加快金融工具的创新,形成多元化的农村金融工具体系

一方面要加大传统产品的改造和推广力度,重点对简便灵活的信贷产品进行创新。比如,对于农户的银行卡、支付结算、代理保险等在农村金融体系中居于主导地位的中间业务,要继续加快发展。同时还要注重其他各类产品在县域的普及,通过产品普及提升县域

业务的综合效益。可以在农家乐、农业生态园区、县域休闲度假风景区等处安装 POS 机，提升县域银行卡服务水平，并在农村市场抢占先机，锁定有价值的客户。另一方面也可以借助其他涉农机构的力量创新产品。

2. 扩大信用贷款范围和贷款品种，满足农民多方面贷款需求

农村金融市场具有分布广、金额小、频率高以及信息不对称的特点，需求主体普遍缺乏担保及可变现的抵押物，法律诚信意识较差，金融相关知识欠缺，因此农村金融机构要不断研究金融新产品，细分市场，密切结合农户和农村中小企业的融资需求，开发出适合农户和农村中小企业的个性化、特色化与差异化的金融产品。我们可以采用小额信贷等方式扩大信用贷款，解决当前中低收入农民贷款需求不能得到满足的问题，同时不断培养和发掘新的效益增长点，拓展业务范围，降低征信和营业成本，从传统的粗放型经营向利用高科技的集约化经营转轨。不断创新金融服务方式，加大对"三农"的信贷支持。

四、深化农村金融发展的外部环境

（一）改善农村金融发展的金融基础设施

我国正处于由传统农业向现代农业过渡的阶段，城乡二元经济结构特征明显。农民是弱势群体，农业是弱质产业，涉农金融业务成本高、风险大、收益低，在农村开展金融业务与其商业化运作之间存在矛盾。农村普遍存在基础设施落后、人员素质低等问题，是制约农村金融服务质量提高的重要因素。因此，必须大力推进农村金融基础服务体系建设，强化金融机构硬件建设，重点是加强与提高金融机构的全国电子储蓄网络、商务网络和电子汇兑、结算和结汇能力相关的硬件建设，将其网络延伸到农村，拓宽和延伸支付结算网络在农村的辐射范围，提升农村金融机构的运行效率，促进资金流转效率，以满足农村不断增长的金融服务需求。

（二）为农村金融发展创造良好的政策环境

我们要积极营造农村地区金融法律环境，加大打击金融犯罪力度，从严打击逃废债行为。针对农村金融发展实际，调整和规范市场经济条件下交易主体之间的债权债务关系。要大力推行依法行政，在处理和协调农村经济金融事务中真正做到有法必依、执法必严，地方政府自觉克服地方保护主义，大力支持司法公正，保障政府信用，杜绝不应有的行政干预。司法部门应从维护法律威严、改善地区投资环境、保障经济发展大局出发，积极运

用行政、经济、法律等手段，大力维护农村金融机构的合法权益，全面清理金融纠纷案件审理、执行情况，切实增强法律的威慑力。各级政府及有关部门要进一步加大扶持力度，综合运用货币、财政、税收等多种政策手段，采取激励有效、风险可控、协调配套的扶持措施，如取消利率限制，进行利率市场化改革；针对正规金融机构和非正规机构建立监管框架；建立农村信用担保中介和农村金融风险分担机制等，从而使农村地区获得更多的信贷资金，引导和激励农村金融机构加大"三农"投入。

（三）为农村金融发展提供良好的社会经济环境

金融市场的健康运行和金融机构的行为规范需要建立完备的诚信制度，而当前农村信用意识较弱，恶意逃废债务现象比较严重，扰乱了正常的金融秩序和稳健的金融运行政策，在很大程度上也挫伤了金融机构对农村信贷投入的信心。我们要大力培育诚信文化，加快社会征信制度建设，改善农村信用环境。良好的农村金融生态信用环境是农村金融和农村经济健康发展的重要保证。建立有效的农村信用体系，一方面可由政府主导建立信用信息库以及农村金融间的信息共享和协调平台，进一步增强银行信贷登记咨询系统的作用，使银行同业能充分实现资源共享，预防贷款发放的潜在风险；另一方面要综合运用法律、经济、宣传、舆论监督等手段，建立和完善社会信用的正向激励和逆向惩罚机制，广泛开展企业信用评级和信用乡镇、信用村、信用户建设活动，根据不良贷款比例、企业逃废金融债务比例、规范改制企业比例、贷款利息回收率等四个指标衡量金融信用环境状况，并引导和鼓励各类资本进入农村信用评级市场，以进一步营造重信用、讲诚信的良好社会风气。

第四章 发展和完善农产品市场

第一节　市场经济

一、完善社会主义市场经济运行机制

（一）市场经济的特征

市场经济是社会资源配置主要由市场机制进行调节的经济。市场经济具有如下特征。

1. 自主经济

市场经济的主体是企业，企业可以自主按法定程序建立，实行自主经营、自负盈亏和独立核算的制度。任何组织和个人不得非法干涉其经营行为。

市场经济是以市场为基本手段，通过市场机制的作用，把资源分配到需要和有效的地方，优化资源配置，取得最佳经济效益的资源配置方式。在市场经济中进行农业经营，应符合市场机制的要求；否则，将受到市场的惩罚。

2. 开放经济

市场经济向所有的经营者和消费者开放，市场经济重视自由选择、平等竞争，没有地位、级别差异。市场经济要求在全国、全世界范围内建立统一的大市场，任何部门和地区封锁都是对市场经济的破坏，最终会导致经济的落后。

3. 竞争经济

市场经济条件下，生产者之间、消费者之间均是竞争关系。通过竞争，使生产资源得到有效的配置和利用；通过竞争，决定商品的价格。

4. 自发经济

市场机制对供求的调节和对生产资源的配置作用是自发进行的，即市场调节具有自发性。

5. 平等经济

市场经济是平等经济，以价值规律为基本交易准则，所有买卖在市场面前人人平等，不能拥有任何特权。市场经济要求在市场规则基础上对经营者进行比较，各市场主体在公平的条件下参与竞争。

6. 法制经济

市场经济是法制经济，依靠一系列法律制度规范市场行为。依法进行农业经营是保证经营顺利进行的关键。

7. 风险经济

风险是市场的一个显著特征，市场经济是一种风险经济。市场经济以市场为基础对供求关系进行调节，由于各种不确定因素的影响，使这种调节带有很大的风险性。市场风险通常表现为生产风险、销售风险、价格风险、信用风险等。风险意味着损失，也意味着收益。风险越大，相应的损失也越大。

8. 信息经济

市场经济是信息经济。市场运行靠一系列的信息进行传递和调节，谁拥有足量和及时有效的信息，谁就能争取主动。市场运行中各种市场信息构成了市场经济发展的基础。经营者以市场为导向，应当掌握农用生产资料供应信息、产品需求信息、资金信息、价格信息等。

（二）市场经济的运行机制

市场运行机制由许多机制组成，价格机制是其他机制发挥作用的基础。价格机制、供求机制、竞争机制、风险机制等均靠价格机制才能发挥作用。

1. 价格机制

价格机制是通过价格涨落调节商品和其他要素的供求关系，指导生产和消费的经济运行机制。商品价格围绕商品价值波动，当商品价格大于价值时，生产经营者就能获得额外的收入；反之，就要亏本。市场价格是以价值为基础，由供求关系调节形成的一种均衡价格。

2. 供求机制

供求机制是通过供求关系的调节，形成均衡价格，从而指导供求双方的运行机制。供给大于需求，商品供过于求，形成积压，价格下跌；供给小于需求，商品供不应求，形成短缺，价格上涨；供给等于需求，商品供求平衡，市场稳定，价格平稳。

3. 竞争机制

竞争机制是通过合法竞争，在价格和其他方面形成优势从而提高经济水平，达到优胜劣汰的运行机制。

4. 风险机制

风险机制是通过风险和预期收益之间的关系，形成风险和收益的相互关系，指导经营者经营行为的运行机制。风险机制包括风险的形成、风险的分散和风险的承担等内容。

（三）完善社会主义市场经济运行机制

1. 建立健全统一、开放、竞争、有序的现代市场体系

建立健全现代市场体系是充分发挥市场机制作用的重要条件。现代市场体系包括商品市场和生产要素市场。

商品市场是国民经济物质商品和服务交易的基本场所和主要形式。按商品的最终用途分类，商品市场分为消费品市场和生产资料市场。生产要素市场提供生产要素的交易场所，不一定有固定和有形的场所。生产要素市场主要包括：①金融市场，包括提供长期运营资本的资本市场，也包括提供短期资金融通的货币市场，还有外汇市场和黄金市场。②产权市场，既包括企业产权交易、股权转让市场，也包括技术产权交易市场。③劳动力市场，指劳动力按供求关系进行流动的场所。④土地市场，指以土地使用权为交易对象的市场，因为我国实行土地公有制，因此在土地市场上不能进行土地所有权的交易。⑤技术市场，即以技术商品为交易对象的市场。商品市场是市场体系的基础，没有商品市场的发展，要素市场的发展就失去基础。但是，要素市场的发育程度和水平反过来又制约着商品市场的发展，特别是要素市场中的资本市场，对其他要素市场和商品市场的发展具有重要的影响，是现代市场体系的核心。

2. 完善市场体系

我国商品市场的改革起步较早，经过多年的实践，已形成较为健全的商品市场。这为要素市场的发展奠定了基础。因此，健全现代市场体系的重点是推进要素市场的发展，在更大程度上发挥市场在资源配置中的基础性作用，健全统一、开放、竞争、有序的现代市场体系。推进资本市场的改革开放和稳定发展。开拓产权、土地、劳动力和技术等市场，

创造各类市场主体平等使用生产要素的环境。

3. 规范市场秩序

社会主义市场经济的运行也要建立与其适应的行为准则和行为规范。社会主义市场秩序包括市场进入退出秩序、市场竞争秩序、市场交易秩序和市场仲裁秩序等。等价交换和公平竞争是社会主义市场秩序的基本要求。加强市场法制建设，加强市场监管力度，整顿和规范市场秩序，既是保证经济正常运行的迫切需要，也是完善社会主义市场经济体制的客观要求。

二、市场引导农业生产经营

（一）市场引导农业再生产过程

农业的再生产过程包括生产、交换、分配和消费四个环节，每个环节都离不开市场。

1. 市场引导农业生产过程的产、供、销

农业生产过程中的产、供、销，都与市场紧密相连，生产要根据市场需求确定生产经营项目，以消费定销售，以销售定生产，实现产销平衡；供应是用货币购买生产资料或劳务，使生产顺利进行；销售使生产的产品走向市场，实现其价值，获得价值补偿。

2. 市场引导社会再生产过程的生产、交换、分配和消费四个环节

①市场引导农产品的生产。生产经营者根据市场供求信息，确定生产经营项目，组织生产经营活动，生产什么、生产多少完全由市场来决定。②市场引导农产品交换。生产者出售农产品，实现产品价值，使生产消耗得到补偿；中间商先购后卖，以获得进销差价；消费者购买农产品而获得使用价值，达到消费的目的。这一系列的交换活动，都是由市场来引导的。③市场引导农产品实体分配。实体分配包括商品的加工、运输、保管等工作。在市场机制作用下，农产品南调北运、秋收冬储、低价囤积、高价出售等现象，都是市场引导的结果。农业生产资料的分配，也在市场引导下自由流动。④市场引导消费。市场是沟通农业生产与消费的桥梁。农业的生产消费和农民的生活消费，都是通过市场购买而实现的。

3. 市场引导农业再生产

农业是不断重复的过程，一个过程结束，下一个过程开始，其生产、交换、分配、消费同样由市场引导。

（二）市场引导生产资源的流动

市场具有分配生产资源，调节资源供求的功能。在市场机制作用下，当市场上某种商品供不应求时，商品价格上涨，生产规模扩大，市场引导生产资源向这一方向流动，反之亦然。

1. 市场引导土地资源的流动

同一块土地，不同的用途，产生的效益不同。在比较利益作用下，土地拥有者，选择比较利益大的生产经营项目，促使土地资源向高效益项目流动。

2. 市场引导农业劳动力的流动

农业劳动力在各生产部门、各生产项目之间的投放和流动，是由劳务市场引导的。在劳务市场上，劳动者自愿、平等地实现其劳动价值的互换。当前，我国农村存在劳动力过剩现象，在市场机制的作用下，农村劳动力向城市流动，贫困落后地区的劳动力向富裕发达地区流动，低收入地区的科技人员向高收入地区流动。

3. 市场引导资金的流动

资金有货币、实物资产和无形资产等形态。在市场机制的作用下，通过利率、成本、利润等经济杠杆的推动，使资金向成本低、利润高的地区和生产项目流动，以实现资本的保值和增值。

4. 市场引导技术的流动

科学技术是一种重要的生产资源，高新技术能促进生产力的飞速发展。在市场机制作用下，资料、图纸、光盘等技术载体，向畅销高利的方向流动；先进设备、高科技材料等技术载体，向成本、价格有利的方向流动；具有高新技术知识的科技人员，从低效益区向高效益区流动，以实现科技人员的高科技价值。

三、市场引导农村产业的发展

国家或地区的农村产业构成及其比例关系，除了受自然资源条件、政治条件的影响外，还受市场机制的引导影响。市场需求是某个产业或行业产生的前提，也是调整产业结构和农业生产布局的依据，市场需求促进农业生产向区域化、专业化的方向发展。

第二节　农产品市场体系

一、建立健全农产品市场体系

（一）农产品市场的特点

1. 市场广阔，购买的人数量多而分散，需要建立广阔的销售网点

所有的消费者都是农产品的消费者，人类要生存，就必须消费食物，食物来源于农产品，因此从某种意义上来说，农产品市场面向所有人，这是农产品市场需求的显著特征。由于农产品的消费者居住分散，为了尽量扩大农产品的消费群体，农产品生产者需要建立大量的销售网点。

2. 消费者购买数量少，购买频率高

由于农产品保质期较短，不耐贮藏，消费者一次购买的数量较少，消费完后，会重复购买，呈现购买频率高的消费特征，对生活必需的农产品，该特征尤为明显。

3. 生活必需农产品需求弹性小，享受农产品需求弹性大

生活必需农产品如粮食、蔬菜、肉类等，是人们每天都要消费的农产品，这些生活必需的农产品需求不会随商品价格的变化而发生大的改变，也就是说，价格下降，消费者不会增加较多购买量；价格升高，消费者的购买量也不会大量减少。享受农产品，如高档水果、花卉及由农产品加工的食品（饼干、糕点等），当价格下降，消费者会增加购买数量，而价格一旦上升，消费者则减少购买数量，表明消费者对这类农产品的购买量随价格的变化会出现较大幅度的变化。

4. 不需要售后技术服务

进入消费市场的农产品是最终产品，消费者购买后直接消费，是最终消费，不需要农产品生产者提供技术服务。

5. 注重消费安全

虽然大部分农产品价格不高，农产品消费支出在消费者总支出中所占比重并不大，但是，由于农产品的消费将直接影响消费者的身体健康。因此，消费者在选购农产品时更注重农产品的安全性。

（二）农产品市场的分类

从不同的角度，根据不同的需要可以把农产品市场分为不同的类型，比较常见的有以下几种。

1. 按流通区域划分

（1）国内市场

国内市场是指一定时期，国家内部农产品商品交换活动的总和或农产品交换场所。国内市场还可以分为城市市场和农村市场。

（2）国际市场

国际市场是指各个国家和地区的经济贸易往来和国际分工联系起来的农产品商品交换活动的总和或农产品交换场所。

2. 按流通环节划分

（1）采购市场

农产品生产是分散进行的，所以农副产品先集中在农村产地的采购市场，然后批发、调拨供应集散市场。

（2）批发市场

批发市场指具有中转商品作用的，进行商品转卖的交易场所。目前，我国发展起来的贸易货栈已成为主要的批发市场。

（3）零售市场

零售市场指从批发商或生产者购进商品，直接满足人们需要的商品交易场所。

3. 按农产品的使用价值划分

（1）生活消费市场

生活消费市场指以满足居民个人及其家庭所需要的生活资料为对象的市场。

（2）生产消费市场

生产消费市场指以满足生产单位或个人进行再生产所需要的生产资料为对象的市场。

4. 按照交易场所的性质划分

（1）产地市场

农地市场，即在各个农产品产地形成或兴建的定期或不定期的农产品市场。产地市场是为分散生产的农户提供集中销售农产品和了解市场信息的场所，同时便于农产品的初步整理、分级、加工、包装和储运。产地市场的主要特点是：①接近生产者。②以现货交易为主要交易方式。③专业性强，主要从事某一种农产品交易。④以批发为主，像山东寿光蔬菜批发市场、河北永年县南大堡蔬菜批发市场等都是具有一定规模的产地市场。

（2）销地市场

销地市场是设在大中城市和小城镇的农产品市场。还可进一步分为销地批发市场和销地零售市场。前者主要设在大中城市，购买对象多为农产品零售商，饭店和机关、企事业单位食堂。后者则广泛分布于大、中、小城市和城镇。销地市场的主要职能是把经过集中、初加工和储运等环节的农产品卖给消费者。

（3）集散与中转市场

集散与中转市场的主要职能是将来自各个产地市场的农产品集中起来，经过再加工、储藏与包装，通过批发商分散销往全国各销地批发市场。该类市场多设在交通便利的地方，如公路、铁路交会处。但也有自发形成的集散与中转市场设在交通不便的地方。这类市场一般规模都比较大，建有较大的交易场所和停车场、仓储设施等配套服务设施。

5. 按照农产品交易形式划分

（1）现货交易市场

现货交易市场是进行现货交易的场所或交易活动的总和。现货交易是指根据买卖双方经过谈判（讨价还价）达成的口头或书面买卖协议，在一定时期内进行实物商品交付和货款结算的交易形式。现货交易又分为即期交易和远期交易。前者指买卖双方立即进行的交易。我国目前进行的小额农产品市场交易多属于此类。而后者是指根据买卖双方事先签订的合同，在约定的时期内进行实物商品交付和货款结算的交易形式。我国目前出售大宗农产品多采用远期现货交易形式。

（2）期货交易市场

期货交易市场是进行期货交易的场所，如郑州粮食期货交易所。农产品期货交易的对象并不是农产品实体，而是农产品的标准化合同。

6. 按照商品性质划分

农产品市场还可以分为粮食市场、蔬菜市场、肉禽市场、水产市场、果品市场、植物纤维市场等。

（三）建立健全农产品市场体系

加强农产品市场体系建设，对扩大内需，保障农产品有效供给，促进农民增收，引导农村消费，推动农村经济结构战略性调整，确保农业和农村经济稳定增长，都具有重要意义。因此，应努力做好以下工作。

1. 对农产品市场体系建设进行科学规划与布局

要科学制定农产品市场体系建设规划及实施纲要，从宏观上加强对农产品市场体系建设的指导。各级地方政府要坚持因地制宜、分类指导、务求实效、循序渐进的原则，对农产品市场体系的建设进行统一规划，避免盲目建设和重复建设。同时，在规划新建市场时，要着眼于多层次、多类型、多功能的发展定位，在现有市场基础上进一步规范、发展、完善市场功能，切实做到农产品市场规划的科学性与合理性。

2. 完善市场的基础设施建设，推进农产品市场的现代化管理

市场基础设施建设是农产品市场体系建设和发展的重要保障。因此，要加快传统集贸市场和农产品批发市场的整合、改造和升级，特别是要加强重点产区和集散地农产品批发市场、集贸市场等流通基础设施建设，改善交易条件，提高交易效率。重点要加强市场场地的硬化、水电路配套、交易棚厅，以及农产品加工和贮藏保鲜等设施建设，尽快改变市场设施简陋和脏乱差的状况。同时，要完善市场服务功能，提高农产品市场体系的网络化程度。加强对仓储设施、配送系统、通信、信息网络、电脑结算系统、农产品质量安全检验检测系统等农产品市场的配套设施建设。

3. 加快市场的信息化建设

逐步健全各级信息服务体系，为农民提供市场信息、购销对接等服务，衔接产销，着力解决农产品卖难问题。

4. 加强农产品流通网络建设

一是继续实施"双百市场工程"，支持大型鲜活农产品批发市场和县乡农贸市场升级改造；二是培育"农超对接"龙头企业，支持大型连锁超市、农产品流通龙头企业与农村专业合作组织对接；三是促进"农超对接"基地品牌化经营，提升基地农产品品牌知名度和市场竞争力，强化农产品基地农民培训，提高农民进入市场的能力。

5. 健全市场法律体系和监督机制，规范市场秩序

健全的法律体系和高效的监督机制是规范市场秩序的基本前提，也是市场体系建设和健康发展的必要保证。因此，要以公平竞争为原则，更好地维持市场秩序，保护合法经营，维护生产者、经营者和消费者的合法权益，坚决取缔各种违章违法经营，严厉打击制假售假、商业欺诈等违法行为，逐步完善各项交易服务设施，尽快解决农产品市场体系建

设中市场主体和客体市场准入、市场载体功能缺失、中介组织定位的问题。国家对此应制定相应的法律法规，集中对涉及农产品市场体系建设的有关法规、政策等进行清查，消除不利于农村商品市场体系建设的各种政策性障碍。加快制定、补充和完善与有关法律、法规配套的条例、实施细则，使法律、法规更具有可操作性。

6. 培育壮大市场主体

积极培育、壮大农产品经纪人队伍，围绕农产品流通政策、运销贮藏加工技术、质量安全知识与法规、农业科技等内容开展农产品经纪人培训，向农产品经纪人提供市场信息服务，帮助他们提高素质，增强市场开拓能力。积极引导农民营销合作组织发展，鼓励运销大户、农产品加工和流通企业领办营销合作组织，提高农民参与农产品流通的组织化程度，增强市场竞争力。

7. 统一农产品市场的收费标准

大力整顿农产品市场乱收费情况，降低过高的收费标准，取缔各种不合理收费，合并重复收费项目，已停收的各种税费一律不得恢复。推广统一收费经验，实行"一费制"，解决重复收费问题。

二、农产品市场信息

（一）农产品市场信息的内容

农产品生产者需要的信息是多方面的。总的来说，主要可以分为以下几类。

1. 市场信息

市场信息是农产品生产者决策前需要掌握的主要信息。目前，除少数大宗农产品外，我国大部分农产品已经放开经营，大量的农产品生产者都面临着激烈的市场竞争。同时，农产品生产者面临国内、国际两个市场的竞争，国外的许多农产品与国内的农产品相比质优价廉，这将使我国农产品生产者的竞争更激烈。了解农产品市场供求状况，为农产品生产者决策提供指导，有利于农产品生产者在市场竞争中处于主动地位。

2. 实用技术信息

与工业产品不同，农产品在生产过程中，容易受到外界环境的影响而造成损失，如旱灾、涝灾、冰雹、病虫害等。因此，农产品生产者需要掌握先进的抗旱、抗涝、抗雹、抗虫、抗病等技术。在收获农产品后，生产者也需要农产品保鲜技术信息、优质农产品质量标准信息、农产品包装技术信息等实用技术信息。这些信息对农产品生产者解决经营过程中的实际困难，具有较强的现实指导作用。

3. 农业科研动态信息

在竞争越来越激烈的市场环境下，了解科研的最新进展，对农产品生产者的未来决策具有重要意义。由于农产品的生产周期长，在生产过程中农产品生产者不能改变决策，因此在生产之前要谨慎决策。掌握农业科研的一些发展动态信息，能够增强决策的准确性。

（二）农产品市场信息收集的方法

在了解市场信息的内容后，要进行信息的收集工作。农产品生产者如何获得所需的信息呢？具体来说，生产者可以根据信息的种类采取不同的收集方法。

1. 收集二手信息的方法

在市场营销实践中，已经被编排、加工处理的数据、资料信息称为二手信息。获得二手信息的速度较快，而且成本也低。

2. 收集原始信息的方法

农产品生产者获得的二手信息，多数只能对农产品生产者起宏观指导作用，在具体的经营决策中，生产者还应该收集原始信息。原始信息是指为具体的目标专门收集的信息，如新产品的市场分析、消费者态度调查等。原始信息主要通过市场调查收集，农产品生产者可以根据具体的项目制订市场调查计划。

（三）农产品市场调查计划的编写

农产品市场调查计划的内容主要包括以下几点。

1. 调查的方法

农产品原始信息的收集主要采用问询式调查的方式，也就是直接询问被调查者与调查内容相关的问题。如新产品的命名、口感测试调查、消费者消费偏好调查、广告宣传的效果调查等都可以采用直接询问的方式获得所需信息。

2. 与调查对象的接触方式

农产品生产者在问询式调查中，可以通过电话、当面询问等方式与调查对象接触。这几种接触方式各有优缺点：通电话的方式灵活、便利，但是受通话时间的限制，双方只能做简短的交流，成本不高；当面询问，调查者能根据调查对象的反应灵活处理，深入话题，但这需要大量的高素质的调查人员，成本也较高。农产品生产者可以根据具体的调查项目选择接触方式。

3. 调查对象的选择方式

在问询式调查中，农产品生产者还面临一个问题，即如何选择调查的对象。一般来说，选择一部分有代表性的调查对象可以获取准确性较高的调查结果。调查人员可以采取随机方式选择调查对象，也可以依据年龄、性别、收入水平等不同标准进行分组，从每组中抽取一定数量的人进行调查。

4. 调查表的设计

为了使调查者在调查过程中能围绕调查项目与调查对象进行交流，在实施调查工作前，调查人员可以设计一份调查表，将所要调查的内容详细列出。设计调查表时，要注意问题形式的设计，可设计有答案选择的问题，也可以设计自由回答的问题；注意问题的表达语气和顺序，使用简单、直接、无偏见的语气；第一个问题应尽可能引起调查对象的兴趣。

三、充分利用农产品市场信息

1. 信息的加工

信息的加工是在原始信息的基础上，生产出具有价值、方便用户利用的二次信息的活动过程。这一过程将使信息增值。只有在对信息进行适当处理的基础上，才能产生新的、用以指导决策的有效信息。

2. 进行预测

预测是对事物将来的发展趋势做出的估计和推测。

（1）生产预测

生产预测是对将来农业生产项目、生产规模、产品结构等发展趋势的推测。农民可以根据市场调查的信息，发现市场中的规律，做出正确的推测。农民也可以根据这些预测制订长远的发展计划，并随着生产的发展，不断调整生产项目，改善产品结构，扩大生产规模，提高经济效益。

（2）销售预测

销售预测是对农产品供应量、需求量、价格和农产品需求时间的预测。这类预测与农民生产经营联系最紧密。供应量预测是对农产品供应数量、供应时间的预测。把握好供应量预测，可以避开供应高峰，提前或延后上市，从而合理规划生产面积，选择生产品种进行生产，在竞争中取得优势。销售价格预测是对农产品在不同供应时间的价格预测。销售价格预测可以决定是否种植、种植多少，以及在什么时间上市价格较好。对农产品需求时间预测是因为农产品生产需要一定时间，进行需求预测要有一定超前性，以便正确安排生产时间，保证产品按时上市。

（3）经营成果预测

经营成果预测是对一定时期内的总收入、总成本、利润等内容的预测。对经营成果的估计应建立在对生产量、销售量以及销售价格预测的基础上。在生产经营开始前，农民就已经想到了经营成果，对经营成果的追求是生产经营发展的永久动力。

3. 进行经营决策

经营决策是农民对经营达到的目标和实现目标的措施进行的选择和决定。

（1）生产决策

生产决策是对一定时期内农业企业或农民家庭达到的经营目标、生产目标、选择生产项目、生产规模等问题进行的决定。生产决策是经营决策的核心部分，是决定其他决策方向的关键，是进行农业经济管理的中心环节。农民应充分考虑所具备的资金、劳动力、技术、设施等条件，根据市场行情的变化趋势确定生产目标和具体的生产项目。进行生产决策时应制订具体的量化目标，一般包括生产面积、产量目标、收入目标和利润目标等。

（2）技术决策

技术决策是经营者为达到经营目标，结合农业生产实际，对采用何种生产技术措施和何种技术装备等问题的决定。农民要达到预期的生产经营目标，必须采用相应的技术措施。技术措施的选择，应以适用技术为重点。

适用技术是指在特定条件下能够达到预期目的，综合效益较好的技术。适用技术不一定是先进的技术。适用技术应具备两个基本条件：一是该技术和当地自然、经济条件相适应，特别是与当地农民经济条件相适应；二是必须有良好的效益，包括经济效益、生态效益和社会效益，既能获得良好的经济效益又不会破坏生态环境。

（3）物资采购决策

物资采购决策是经营者根据以上决策对物资采购进行全面安排，以便按时、按量采购生产所需的生产资料，保证生产的顺利进行。进行物资采购决策时，采购生产资料应以满足生产项目和技术水平要求为标准，不能贪图便宜，不能随意购买劣质生产资料。劣质种子、假化肥、假农药等危害严重，甚至导致绝产绝收。进行物资采购决策时，应按照采购手续，签订采购合同，索取对方出售物资的发票。

（4）销售决策

销售决策是对出售农产品时所采取的销售渠道、销售方式、销售价格等问题进行的决定。农产品的销售渠道和销售方式有许多种，农民应根据产品类型、自身条件、产品产量、市场供求状况和出售价格等因素，确定合理的销售范围；选择合适的销售渠道和销售方式，使产品尽快以合理的价格销售出去，收回资金，降低经营风险。

第三节　重视农产品价格

一、农产品价格

（一）农产品价格作用

农产品价格，指农业部门生产的农、林、牧、副、渔各业产品的价格。可细分为粮食价格、经济作物价格、土特产品价格、畜产品价格、水产品价格等。按商品流转环节可划分为农产品收购价格、批发价格和零售价格等。

合理的农产品价格，对农业扩大再生产具有重要作用。农产品价格的作用具体表现在：

第一，农产品价格水平的高低，直接关系到农业生产的发展。农产品价格如果不能补偿农业生产消耗的各项费用支出，农业就不能维持简单再生产，在商品生产的条件下也就无人愿意从事农业生产。农产品价格如果不能给农业生产提供一定的利润，农业就不可能获得扩大再生产所必需的积累。在商品生产的条件下，也就无法保证农业的发展。

第二，农产品价格直接影响着农产品在地区之间的流通和农业的合理布局。如果农产品的价格在产地和销地没有差别，农产品的流通费用就无法得到补偿，就没有人愿意从事农产品的运销。这样一来，农业在地区之间的合理分工也就不能实现。

第三，农产品的价格直接影响农业内部各种生产项目是否可以按照社会所需要的比例发展。如果社会所短缺的农产品价格过低，而社会所富余的农产品价格过高，就会使农业生产的比例关系更加失调。

第四，农产品的价格关系到工业生产的成本和工业品的价格。农产品的价格提高，就会使以农产品为原料的工业生产成本提高，并迫使工业品的价格上升。

第五，农产品的价格水平直接关系着农民的收入和消费者的利益。农产品价格降低，就意味着农民收入的下降。农产品价格上升，就意味着农产品消费者的支出增加。

综上所述，农产品的价格是一个既关系到农业生产又关系到工业生产，既关系到农民的收入又关系到国家和广大消费者的利益的一个十分重要的经济问题和政治问题。

（二）农产品价格的构成

1. 物质费用

物质费用指在直接生产过程中消耗的各种农业生产资料和各项支出的费用，包括直接生产费用和间接生产费用两部分。直接生产费用，是在直接生产过程中发生的、可以直接计入各种作物中的费用，包括种子秧苗费、农家肥费、化肥费、农膜费、农药费、畜力费、机械作业费、排灌费、燃料动力费、棚架材料费及其他直接费用。间接生产费用，是指与各种作物直接生产过程有关，但需要分摊才能计入作物成本的费用，包括固定资产折旧、小农具购置及修理费、其他间接费用等。

2. 人工费用

人工费用指在农业生产过程中的人工投入费用，分为直接生产用工与间接生产用工两部分。直接生产用工费用，是指各种作物直接使用的劳动用工费用。间接用工费用，是指多种作物的共同劳动用工费用，这部分费用应按各种作物播种面积进行分摊。

3. 期间费用

期间费用指与生产经营过程没有直接关系和关系不密切的费用，包括土地承包费、管理费用、销售费用和财务费用。

4. 利润

农产品销售价格减去物质费用、人工费用、期间费用后的剩余部分。

（三）农产品价格体系

1. 农产品收购价格

农产品收购价格指农产品收购者向农产品生产者收购农产品的价格，也称农产品采购价格。在我国主要是指国有企业和供销合作社向农业生产者收购农产品的价格。它是农产品进入流通领域的第一道价格，是制订农产品其他销售价格的基础。它体现着国家与农民、城市与农村、工业与农业的关系。新中国成立以来，随着我国农产品供求及经济体制的变化，农产品收购价格的形式也在发生变化，分别有统购价、派购价、超购加价、议价、委托代购价、国家定购价、市场收购价等。

2. 农产品销售价格

农产品销售价格包括农产品产地销售价格，农产品销地批发价格、零售价格。

（1）农产品产地销售价格

农产品产地销售价格是农产品产地销售企业向批发企业或零售企业出售农产品时所采用的价格。一般是在产地收购价格基础上，加购销差价确定的。购销差价包括产地企业合理的经营费用、税金和一定的利润。

（2）农产品销地批发价格

农产品销地批发价格是农产品销地批发企业零售企业或生产单位出售农产品、工业原料的价格。大中城市和工矿区所需农产品数量大，多由产地集中，经销地批发环节再分散供应。因此，销地批发价格常在产地批发价格的基础上，加销地企业的合理费用、税金和利润。

（3）农产品销地零售价格

农产品销地零售价格是流通过程中最后一个环节的价格，也就是消费者购买的价格。合理的农产品零售价，直接关系到市场物价的稳定。因此，要重视对农产品销地零售价格的管理。农产品销地零售价格，一般是在销地批发价格的基础上，加批零差价。

3. 农产品的比价

（1）工农产品的比价

工农产品比价就是农民购买工业品所支付的价格，同农民出售农产品所得的价格的比，或一定数量的农产品能够交换到工业品的数量。它通常用工业产品的销售价格指数的变动幅度，同农产品收购价格指数的变动幅度的对比加以衡量。工农产品比价的合理与否是关系到工农业生产能否协调发展，工农差别、城乡差别能否逐步缩小的重要问题。如果农民所得的价格水平的提高，快于农民所付价格水平的提高，就会更加有利于农业的发展和农民收入的增长。反之，就会更加有利于工业的发展和工人收入的增长。因此，为了正确处理工农关系，必须经常研究工农产品比价的变化，并多方采取措施，使之合理化。

（2）农产品之间的比价

农产品的比价通常指同一时期、同一地区、各种农产品价格之间的比例关系。这种比例关系直接影响不同农产品生产者的收入，也极大地影响了各种农产品的生产和消费。

4. 农产品的差价

农产品差价指同一商品由于生产成本、流通费用、储存以及商品质量不同等原因而形成的价格差额，主要有以下几种。

（1）农产品购销差价

农产品购销差价指同一种农产品在同一地区的收购价格与销售价格之间的差额。适当的购销差价除补偿农产品运销各环节上的流通费用外，还有利于调节农产品市场的供求关系。反之，购销差价不合理，则会挫伤农民生产、经营农产品的积极性，并影响消费。

（2）农产品地区差价

农产品地区差价指同一时间、同一商品的收购价格在不同地区之同的差额。地区差价的形成，主要是由于不同地区的自然、经济条件存在差别，同一种农产品在不同地区消耗的劳动量不同，成本不一。合理的地区差价有利于促进条件较差的地区发展农业生产，又不致影响条件较好地区的积极性。

（3）农产品季节差价

农产品季节差价指同一商品在同一地区的收购价格或销售价格在不同季节之间的差额。季节差价的存在是由于某些农产品的季节性生产同常年的花费需求之间存在矛盾，因而从生产到消费的时间差中，增加了储存、保管、自然损耗和利息等费用。此外，同种农产品在不同季节生产，产量和费用的差别也很大，如蔬菜温室生产费用高，提早上市产量低。实行季节差价可以补偿由于上述原因而增加的生产、流通费用，还有利于平衡淡旺季的农产品供应。

（4）农产品质量差价

农产品质量差价指同一商品因质量不同而形成的价格差额。优质优价、劣质低价，拉开品质差价的档次，有利于促进农产品品质的提高和保护生产者、消费者双方的利益。

二、农产品定价

（一）农产品定价时应考虑的因素

在农产品进入市场之前，生产者应确定合理的价格，这是一项非常复杂、细致的工作。综合来看，生产者应主要考虑以下几个方面的因素。

1. 生产成本

一般来说，首先应考虑在农产品的生产过程中投入了多少生产费用，如购买种子、化肥、农药及其他生产资料的支出，还有劳动用工等，农产品加工品的生产成本则包括厂房、机器、设备、原材料、人员、资金等投入费用。对这些费用进行初步计算，就得到了在产品定价中第一个必须考虑的因素——生产成本。用生产成本除以收获的农产品总量，得到单位农产品生产成本。在农产品销售过程中，产品的定价应至少与单位农产品生产费用相等，也就是说，至少要能弥补成本，不亏本。在市场竞争激烈的情况下，农产品生产者在短期内可暂时不考虑弥补厂房、机器、设备投入的费用，仅弥补原材料、人员工资的费用。

2. 市场需求

在考虑产品生产成本的基础上将价格的决策权交给消费者，由消费者决定产品的定价是否合理。由于农产品大多是家庭日常消费品，本身商品价值不高，因此农产品生产者不能将价格定得过高。同时，一般消费者都具备一定的农产品质量辨别能力，消费者在购买农产品时会根据自己的判断来确定产品的品质和价格，农产品价格定得过高，消费者会认为产品不值这么高的价格，就不会接受这一价格。因此，在农产品的定价过程中，生产者应对产品在消费者心目中的价值水平做出初步判断，以此作为产品定价的依据。如果产品质量好，或者产品具有新、奇、特等特征，而且是深加工、精加工产品，定价可以相对提高，这也体现了优质优价的定价原则。

3. 竞争者的产品和定价情况

在农产品定价过程中，还应考虑的另一个重要因素是竞争者的产品定价情况，也就是同类农产品具有什么特色，价格定位在什么水平。一般来说，农产品生产者可以选择将产品定价低于竞争者、与竞争者相同或高于竞争者。在生产者实力较弱、信誉不高或没有特色和优势时，为求得在市场上占有一席之地，可以采取低于竞争者的价格方式定价。对于实力一般的生产者，则可制订与竞争者同等水平的价格，避免双方间的价格竞争。而实力较为强大或产品具有特色的农产品生产者，在消费者愿意为获得优质、具有特色的产品支付较高价格的情况下，定价可以高于竞争者。

（二）农产品定价策略

1. 心理定价策略

（1）奇数（尾数）价格策略

奇数价格策略又称零头定价策略，指企业为了迎合消费者心理，给农产品制订带有零头的价格策略。它会给消费者一种经过精确计算后才确定最低价格的心理感受，增加消费者对农民的信任感，从而扩大其商品的销售量。

（2）整数价格策略

为了迎合消费者"价高质优"的心理，给商品制订了整数价格策略。对于价格较高的高档商品、耐用商品、馈赠礼品宜采用该种定价策略。

（3）分级价格策略

把商品按不同的档次、等级分别定价。此方法便于消费者按需购买，各得其所，并对商品产生信任感和安全感。

（4）声望价格策略

凭借在消费者心目中的良好信誉及消费者对名牌产品偏好的心理，进行较高的产品定价。

（5）招徕价格策略

为了迎合消费者求廉心理，暂时将几种消费品减价以吸引顾客，招徕生意的策略。该策略适用于对日用消费品进行定价。

（6）习惯价格策略

习惯价格策略指对常用商品采取的价格策略。习惯价格不宜变动，否则容易引起消费者反感。

2. 折扣与折让策略

（1）现金折扣

现金折扣也叫付款折扣，是对在约定付款期内现金付款或提前付款的消费者在原定价格的基础上给予一定的折扣。例如，20 天付清的款项、当场付款，给 5% 的折扣；若提前 10 天付款，则给 2% 的折扣；20 天到期付款，则不给折扣。

（2）数量折扣

数量折扣指根据购买数量，给顾客以一定幅度的折扣。数量折扣有两种形式：一是累计数量折扣，在一定时期（一个月、一年）内，顾客购买产品的总量超过一定数额时，按总量给予一定的折扣。二是非累计数量折扣，按照顾客一次购买达到一定数量或购买多种产品达到一定金额时给予的价格折扣。

（3）功能折扣

功能折扣是生产企业给予愿意为其执行推销、储存、服务等营销职能的中间商的额外折扣。

（4）季节折扣

生产季节性产品的企业或农民对销售淡季来采购的买主，给以折扣优惠；零售企业对那些购买过季商品的顾客给予一定的折扣。

3. 差别定价策略

农产品生产者还可以根据产品形式、顾客、销售地点的不同，把同一种农产品定为不同的价格。主要差别定价方式有以下几种。

（1）顾客差别定价

农产品生产者将同一种农产品按照不同的价格卖给不同的顾客。一般来说，顾客的差别主要体现在其收入水平上。如对收入水平较高的大中城市和经济发达地区的消费者制订较高的价格，而对收入水平较低的中小城镇和经济欠发达地区的消费者制订较低的价格，这种定价方式比较适合于名、新、特、优的农产品。

（2）产品形式差别定价

农产品生产者根据产品的外观不同、包装不同，对质量、成本相近的产品，可以制订不同的价格。在传统的生产经营中，农产品生产者不太注重对产品进行分级、分类、包装以使农产品增值，导致农产品出售时失去获得较高的附加利润。在现代商品生产实践中，农产品生产者要增强这方面意识，尽量拉大产品的利润空间。

（3）销售时间差别定价

销售时间差别定价指农产品生产者对不同季节、不同时期出售的同一种产品，分别制订不同的价格。这种策略比较适合于鲜活农产品。生产者在种植反季节农产品的时候，由于投入较高，因此决策时要注意把握市场需求，选择好种植种类和品种。

（4）销售地点差别定价

销售地点差别定价指农产品生产者在每个地点供货的成本相同，但是可以根据产品销售地点的不同，分别制订不同的价格。

4. 地区定价策略

（1）消费者承担运费定价

产品由产地到消费者购买产品地区的运输费用由消费者承担。产品的销售价格是在产品生产成本、适当利润的基础上，加上产品运输费用，将总费用分摊到销售的每一个产品上来获得。

（2）统一交货定价

统一交货定价也叫邮资定价，企业对于卖给不同地区顾客的同种产品一律实行统一送货，货款均按照相同的厂价加相同的运费定价。对任何一个子市场都实行相同的价格。

（3）分区定价

分区定价就是企业把一个地区分为若干个价格区，分别制订不同的分区价格。距离企业较远的地区价格较高。

（4）基点定价

企业选择某些城市为基点，然后按照一定的厂价加上从基点城市到顾客所在地的运费来定价。

（5）运费免收定价

企业对于不同地区的顾客均不收取运费，以此吸引顾客，加深市场渗透。利用这种方式定价，使产品销售价格低于竞争对手，在竞争中具有一定的价格优势，有利于产品打开市场。如果产品销量加大，销量的增加将使产品平均成本降低，这可以弥补运输费用。这种定价方式常被用于市场竞争激烈的情况下，对农产品生产者也是适用的。为使农产品进入新的市场，短期内可以不考虑利润的多少，主要考虑提高产品的市场占有率，确定低廉的销售价格，以在新的市场上站稳脚跟。

三、充分利用农产品价格

农产品生产者和经营者处于一个不断变化的环境中，为了生存和发展，有时候需要主动调整价格，有时候需要对价格的变动做出适当调整。

（一）农产品生产者降低价格

在下列情况下，农产品生产者可以采取降价的策略。

1. 生产能力过剩

农产品与工业品不同的显著特点之一是农产品的生产周期较长，部分产品生产过程中受自然条件影响较大。当温度、光照、降水等自然条件适宜，风调雨顺，病虫害较少，种植业农产品易获得丰收。农产品大多是需求相对稳定的产品，产品生产过剩，而消费者不会增加购买量。同时，农产品生产周期较长，短时间内不能进行产品改进，由此出现季节性农产品生产能力过剩。这时，农产品生产者应考虑降低产品价格，促进产品的销售。

2. 市场竞争压力大

在激烈的市场竞争中，生产同类农产品的生产者越来越多，随着市场的开放，国际市场的农产品进入国内市场的数量越来越多，农产品的新、奇、优等特点差异在逐渐变小，为了巩固产品原有的市场，农产品生产者可以考虑采取降低价格的策略，维持产品的市场占有率。

3. 自身成本费用比竞争对手低

当农产品企业不断发展壮大，企业达到一定规模，具有一定的品牌效应，消费者对产品的信任度较高，产品深受消费者欢迎，产品的销量达到一定水平，平均成本降低时，可以通过降价进一步提高市场占有率，将实力较弱的生产者挤出市场。

（二）农产品生产者提高价格

在下列情况下，农产品生产者可以采取提价的策略。

1. 生产成本上升

农产品的生产成本上升主要体现在：农业生产资料涨价，如种子、农药、化肥等，生产原料涨价，如饲料。生产资料和原料涨价时，生产者为保持原有利润，可以提高产品销售价格。

2. 产品供不应求

产品供不应求，不能满足所有顾客的需要。在这种情况下，农产品生产者可以采取提价策略。适当提高中高档产品的价格，以弥补成本。如果公开提价，则要通过宣传，说明提价的原因，做好顾客说服、沟通工作，解答消费者的疑问。

（三）充分利用农产品价格变动，采取积极应对措施

1. 努力寻找新的市场

我国地域辽阔，农产品的生产受自然条件限制，区域差别较大，在某一地区市场上供过于求，在其他地区则不同。此时，农产品生产者应将重点放在扩大消费者的数量上。

2. 加强对农产品宣传力度

不降低产品价格，维持原价，加强产品质量宣传力度，通过与顾客进行交流，如开展样品展销会，努力使买主感受到该产品优于同类其他产品，使消费者坚信"一分钱，一分货"。这种策略比较适用于产品质量较优的农产品生产者。

3. 降低价格

在市场价格能够弥补成本的情况下，农产品生产者为保持竞争中的价格优势，使自己的市场份额不被竞争对手抢走，也可以采取降价策略。

4. 提高产品质量

农产品市场竞争中，价格变化快、竞争激烈、供过于求的产品主要是质量一般、不符合消费者需求的普通产品，市场上一些新、特、优的农产品卖价仍然较高，生产者获取的利润也较大。从长期来看，农产品生产者要从非价格策略着手，根据市场需求和地方自然条件，生产符合消费者需求的产品，抓好产品质量和分级分类工作，使产品进入市场后，竞争环境相对宽松，从而减少价格波动。

5. 促进产品加工升级

农产品仅仅做到专业化生产，生产后的分类、分级只是简单的粗加工，利润增加不大。生产者应努力开发农产品的深加工、精加工。加工后的农产品，卖价的提高远远大于成本的增加，能够给农产品生产者带来较高的利润附加值，竞争对手也相对较少。我国现在农产品加工环节还比较薄弱，而随着人们消费水平的提高，对农产品加工食品的需求也会不断增长，推动农产品生产的加工升级将是一个良好的机会。

6. 加强销售渠道建设

人们经常提到农产品"卖难"问题，农产品生产者也为此感到十分头疼。但是，往往是农产品生产出来后，农产品生产者才发现市场供大于求，价格下降，急于为产品寻找出路。现代商品经营环境下的农产品生产者，从准备进入该农产品的生产经营领域起，就要注重销售渠道的建设，重视对中间商的选择和激励，努力与中间商保持长期稳定的销售关系。这样，当市场价格出现变化时，产品的销售渠道仍能保持通畅，使自身在价格竞争中占据优势地位。

第四节　大力发展农业物流

一、认识农业物流

（一）农业物流的作用

农业物流是指以农业生产为核心而发生的一系列物品从供应地向接受地的实体流动和与之有关的技术、组织、管理活动，也就是将运输、储藏、加工、装卸、包装、流通和信息处理等基本功能有机结合。

1. 发展农业物流有利于发挥农业在国民经济中的基础作用

从入世后的形势分析，国内主要农产品的生产价格大都高出国际市场价格，基本失去了商业竞争优势。我国如果组织进口高质量、低价格的农产品，会对一些大宗农产品主产区及其农民产生不利影响，农民卖粮难的现象将日益加剧，解决农村社会经济矛盾的难度必将逐步加大；而如果勉强坚持收购国内低质高价农产品，城市居民的花费矛盾必然突出，国家财政也吃不消。可见，随着农村市场的对外开放以及农业国际化进程的加快，中国农业传统的生产、经营方式和技术导致的物流不畅、成本过高、农产品质量低劣等现状必须改变。而改变这种现状的应急措施和长远发展策略，就是提高农业生产率和建立科学的农业物流体系。

2. 建立现代农业物流体系是建设和完善高效农业社会化服务体系的客观要求

我国农业生产粗放，劳动生产率低下，专业化水平不高，优质产品少，市场化程度不够，农业结构性矛盾突出。其原因是缺乏高效的服务体系。只有通过物流体系的确立，健全农业服务体系，才能调整产业结构，实行产业化经营。

3. 建立现代农业物流体系，是促进农民重视农业管理和成本核算的驱动力

我国广大农村一直是"重生产，轻核算"。农民为能获取经济效益，往往只重视降低生产成本和销售成本，却忽视了物流中潜在的利润。物流不仅具有在企业生产、供应和产品销售领域提高经济运行效率的价值，同时在降低企业生产成本、增加企业盈利、推动企业经营的价值方面也具有显著的意义。许多国家把物流称为"降低成本的宝库"，是"第三个利润的源泉"。随着科技文化素质的提高，农民已经从城市工商业管理中认识到了农业成本核算的重要性，并试图加强物流管理，来推动农产品市场流通和经济繁荣，促进农村经济的发展和实现农业现代化。

4. 建立现代农业物流，可以大大降低和分散农业经营风险

我国加入 WTO 后，农产品市场竞争加剧，如何使农业减少风险，赢得更多的利润，是农业生产者要解决的问题。此时物流管理在抵御风险方面的作用被广泛关注。例如，种子公司将承担种子发芽不齐的风险，农药公司将承担农药不能发挥作用的风险（在我国可能表现为承担假药的风险），仓储公司将承担鲜活产品的储藏风险，农产品贸易公司将承担市场风险即价格变动的风险等，这样一来就实现了农业生产和农民风险的部分转移。农业物流体系的建立，可以促进农产品生产者与其生产资料的供应商、农产品的加工商和销售商形成战略联盟，使众多农民、农业中小企业形成集约化运作，降低物流成本。

5. 现代农业物流体系的建立，可以推动我国农村经济结构调整，促进农村城镇化建设

在实践中，农业物流体系的创建主要体现为在农村建立物流产业，它属于专门为农业生产服务的农村商品流通企业。由于我国国土面积大，经济发展和物流的关系就显得更为密切，物流产业在我国就显得更加重要。通过建立适应我国农村经济和农业生产的物流体系，或对目前存在于我国农村的相互独立的具有物流特征的企业进行资源重组，能在很大程度上促进支农企业的发展。

（二）农业物流的分类

根据农业物流的管理形式不同，可以将农业物流分为农业供应物流、农业生产物流、农业销售物流。

1. 农业供应物流

农业供应物流是指为保证农业生产不间断，保障农村经济发展，供给和补充农村生产所需生产资料的物流。主要是指农业生产资料的采购、运输、储存、装卸搬运。农业生产资料包括种子（种苗、种畜、种禽），肥料，农药，兽药，饲料，地膜，农机具以及农业生产所需的原料、材料、燃料等，包括电力资源和水利资源。

2. 农业生产物流

农业生产物流是指从动植物和微生物的种养、管理到收获所形成的物流。包括三个环节：一是种（植）养（殖）物流，包括整地、播种、育苗、移栽等；二是管理物流，即农作物生长过程中的物流活动，包括除草、用药、施肥、浇水、整枝等，或动物的喂养、微生物培养等所形成的物流；三是收获物流，即为了回收生产所得而形成的物流，包括农产品采收、脱粒、晾晒、整理、包装、堆放或动物捕捉等所形成的物流。

3. 农业销售物流

农产品的加工和销售行为所产生的一系列物流活动，包括收购、加工、保鲜、包装、运输、储存、配送、销售等环节。与工业品相比，农产品的特点有四方面：一是易腐性。农业产品一般都是生鲜易腐产品，商品寿命期短，保鲜困难。二是笨重性。农产品的单位价值较小，数量品种较多。三是品质差异大。由于对自然条件的可控力不强，农业生产受自然条件影响大，即使按统一标准生产的农业产品质量也会存在一定的差异。四是价格波动大。农产品的价格在一年、一个季节，甚至是一天之内也可能有频繁、大幅度的变动。

以上农产品特性给农产品物流管理的储存、运输、包装、装卸搬运、配送等增加了难度。

（三）农业物流的基本特征

1. 农业物流涉及面广且量大

农业物流包括农业生产资料和农业的产出物，基本涵盖了种苗、饲料、肥料、地膜等农用物资和农机具，以及种植业、养殖业、畜牧业和林业等，物流节点多，结构复杂。由于农业在我国国民经济中占有重要地位，使农用生产资料的产销量庞大，我国用于生活消费的农产品主要以鲜食鲜销形式为主，在分散的产销地之间要满足消费在不同时空上的需求，导致我国农业物流面临数量和质量上的巨大挑战。目前，我国用于生活消费的农产品商品转化比例相对较低，但是以农产品为原料的轻工、纺织和化工业也在我国工业结构中占有重要地位。

2. 农业物流具有独立性和专属性

由于流体–农业生产资料和农产品的特性使它有别于一般物流的流体，所以农业物流系统及储运条件、技术手段、流通加工和包装方式都具有独立性，而农业物流的设施、设备和运输工具也具有专属性。因此，处于起步阶段的中国农业物流所需投入大，发展慢。

3. 保值是中国农业物流发展的核心

由于中国农业物流的发展水平较低，每年农产品在物流和流通环节的损耗巨大，如何运用物流技术使农产品在物流过程中有效保值，这是当前比农业物流增值更为重要的核心问题，减少农产品物流和流通损失应该放在与农业生产同等重要的地位。

二、建立健全农业物流体系

（一）政府大力支持与多渠道开发并举

政府要采取措施，加强农业现代物流所需的基础设施建设，根据各地的自然条件和经济状况，在财政投入上向基础设施建设倾斜，通过各种方式推进农业现代物流的发展。要通过政策引导，对投资农业现代物流建设的企业提供优惠政策，吸引有实力的企业参与农业现代物流建设，形成多元化农业现代物流建设体系。要通过调整税收政策，充分利用资本市场，促进农业现代物流的发展，鼓励有实力的农业物流企业对小企业进行收购、兼并和资产重组，把物流企业做大做强。

（二） 加强农业物流基础设施平台建设

农业物流基础设施由市场、交通、运输、仓储、库存、装卸、搬运、包装、加工和配送等基础设施设备的硬件构成。它是支撑现代农业物流活动高效、稳定运行及其经济快速发展的基本平台。近年来，河北省与农业物流相关的公路、铁路运输得到了较快发展。除整车运输外，集装箱运输、大型货物运输、特种车运输都取得了较快发展。运输装备得到改善，路况变好、路程缩短，有利于减少鲜活农产品运输损耗，降低农业物流成本。但在现代化仓储设施、专业化农业运输工具、物流机械化设施和交通设施等方面仍需进一步建设和完善。

（三） 加快农业物流网络信息平台建设

农业物流网络信息平台以现代软件工程为基础，提取与农业有关的信息，结合信息基础设施与公共应用支持，为农业物流企业及客户提供数据共享服务。农业物流网络信息平台，不同于一般涉农企业的物流信息系统。它以整合涉农领域内固有资源为基础，通过行业资源共享，发挥领域内的整体优势，为企业物流信息系统提供涉农基础信息服务，支持农业供应链管理过程中各环节的信息交换，以真正实现物流企业间、企业与客户间涉农物流信息和涉农物流功能的共享，推动农业专业化生产、集约化加工、企业化管理、一体化经营以及社会化服务。

（四） 加快物流技术支撑平台建设

物流技术由运输技术、仓储技术、包装技术、信息技术等物流技术创新体系构成。它是实现和完善现代农业物流功能的手段。目前，河北省研发和应用农业物流技术的能力较弱，应坚持自主创新与引进开发相结合，研发物流车辆与运输管理技术，大力开发罐装车、冷冻车等专用车辆，推动货车大型化、专用化和集装化；推行车辆跟踪定位系统（GPS）、车辆运行线路安排系统（CVPS），实施车辆计时监控，促使运输管理自动化、科学化。研制开发仓储设备和库存管理技术，大力推广高层自动化货架系统和仓储管理电子信息技术。创新搬运装卸技术装备，采用各式叉车，推广单元化装载。加强包装材料、包装设备和包装方法的研究。着力推行电子数据交换技术（EDI），运用电脑进行订货管理、库存控制配送中心管理、运输车辆及运行管理，提高信息反馈速度，增强物流供应链的透明度和控制力。

（五）大力发展农业第三方物流

发展专业化的第三方物流企业有利于农业发展，能够降低流通成本，提高农产品的附加值和使用价值，增强农业竞争力。可以采取以下措施：一是尽快培育和发展一批专门为农业生产全程提供物流服务的社会化的第三方企业和组织，使之成为农业现代物流发展的示范者和中小物流企业资源的整合者。第三方物流企业在发展初期可以通过让利或免费体验服务等方式，让农业生产者和经营者增强对第三方物流企业的信心。同时，应根据不同客户要求，有针对性地设计相应的物流解决方案，在降低客户物流成本的基础上开发市场潜力，促进农产品增值效益最大化。二是鼓励农业产业化龙头企业之间，龙头企业与商业、运输、仓储企业间的联合，着力打造一批优势农业物流企业。三是推进传统储运企业、粮食系统企业、供销系统企业、农业系统、农资经销单位向第三方农业物流转变，并积极吸引国外优秀的物流企业加盟，壮大农业第三方物流的规模和实力。

（六）推进农业物流标准化建设

成立全国性的农业物流标准化管理组织，尽快消除物流标准化工作的体制性障碍，加快物流系统、物流环节间的标准组织协调工作。加强物流标准化体系的研究，明确标准化的发展方向和主攻方向，系统规划物流标准化工作，避免计划的盲目性、重复劳动和遗漏。从我国实际出发，积极借鉴国外先进物流标准，制订国内农业物流标准，加快我国与国际物流标准的协调统一，并大力推进与国际接轨的农业物流设施和装备的标准化建设。加强对农业物流标准的实施贯彻和监督管理工作。

三、展望农业物流发展的趋势

（一）第三方物流服务方兴未艾

在全球化经济的发展下，企业为了增加竞争力要大力发展核心业务，企业分工趋于专门化，这将促进第三方物流企业的发展。第三方物流的发展将有利于物流的专业化、规模化、合理化，从而提高物流系统的效率和降低物流成本。发展第三方物流的途径是：通过鼓励合资、合作、兼并等整合措施，扩大现有第三方物流企业的经营规模；通过建立现代物流行业规范，促使小规模物流企业转型；通过修订和完善各种法规和政府行为，打破现有各种市场条块分割的制约，促进第三方物流企业跨地区、跨行业发展；以提高服务质量、降低物流成本为核心，推动物流企业的管理和技术创新。要使第三方物流企业能够提供优于第一方和第二方物流的服务，同时要鼓励生产企业和流通企业更多地使用第三方物流。只有这样，农村第三方物流才能得到快速发展。

（二）物流行业将在几年之内，资源重组，提高行业的整体水平

物流作为一种新兴的行业，国内很多人对物流的概念理解不透彻，导致物流公司在国内遍地开花。随着物流概念的深入，物流承担节约成本的作用，需要对行业进行重组、整合，走行业正规化道路，使行业优势更为突出。因此，在未来几年，物流行业资源重组，是行业发展的大势所趋，也是行业从发展到成熟的必然经历。

（三）信息技术是提升物流作业水平的最重要的工具

通过物流信息系统的广泛应用，可以辅助物流作业，提高物流作业的准确性和生产率；改进业务流程，快速响应市场变化；提供更多的信息，提高客户满意度；促进物流信息合理流动，提高整个供应链系统的合理化水平和社会效益；通过知识挖掘和辅助决策，提高管理决策水平等。总之，物流信息系统可以从多方面为管理服务，提高组织管理水平，提升组织的核心竞争力；信息技术在物流系统中的应用，降低了物流成本，提高了物流系统的运作速度、效率和效益，提升了物流系统的服务质量及服务水平，为物流系统的创新与变革提供基础支撑与推动力，成为提高物流系统生产率和竞争能力的主要来源。

（四）物流会成为国家新的经济增长点

我国经济发展带动巨大的潜在物流市场，物流是第三利润源泉，现代物流产业是拉动经济增长的力量源泉，对我国国民经济增长产生新的带动作用，对我国相关产业发展起到促进和协调作用，对于解决我国经济发展中的难点问题起到关键性作用。目前，我国巨大的经济总量已经产生巨大的货物流量，同时也带动巨大的潜在物流市场。

（五）绿色物流将成为热点

物流虽然促进了经济的发展，但是物流的发展同时也会给城市环境带来负面的影响。因此，对物流行业提出了新的要求，即绿色物流。

绿色物流主要包含两个方面：一是对物流系统污染进行控制，即在物流系统和物流活动的规划与决策中尽量采用对环境污染小的方案，如采用排污量小的货车车型，近距离配送，夜间运货（以减少交通阻塞、节省燃料和降低排放）等。绿色物流的另一方面就是建立工业和生活废料处理的物流系统。

第五章 乡村振兴战略与发展"智慧农业"

第一节 乡村振兴战略的提出

一、乡村振兴战略的科学内涵

（一）产业兴旺是乡村振兴的核心

新时代推动农业农村发展核心是实现农村产业发展。农村产业发展是农村实现可持续发展的内在要求。从我国农村产业发展历程来看，过去一段时期内主要强调生产发展，而且主要是强调农业生产发展，其主要目标是解决农民的温饱问题，进而推动农民生活向小康迈进。从生产发展到产业兴旺，这一提法的转变，意味着新时代党的农业农村政策体系更加聚焦和务实，主要目标是实现农业农村现代化。产业兴旺要求从过去单纯追求产量向追求质量转变、从粗放型经营向精细型经营转变、从不可持续发展向可持续发展转变、从低端供给向高端供给转变。城乡融合发展的关键步骤是农村产业融合发展。产业兴旺不仅要实现农业发展，还要丰富农村发展业态，促进农村一、二、三产业融合发展，更加突出以推进供给侧结构性改革为主线，提升供给质量和效益，推动农业农村发展提质增效，更好地实现农业增产、农村增值、农民增收，打破农村与城市之间的壁垒。农民生活富裕的前提是产业兴旺，而农民富裕、产业兴旺又是乡风文明的基础，只有产业兴旺、农民富裕、乡风文明、治理有效有机统一起来才能真正提高生态宜居水平。党的十九大将产业兴旺作为实施乡村振兴战略的第一要求，充分说明了农村产业发展的重要性。当前，我国农村产业发展还面临区域特色和整体优势不足、产业布局缺少整体规划、产业结构较为单一、产业市场竞争力不强、效益增长空间较为狭小、发展的稳定性较差等问题，实施乡村振兴战略必须要紧紧抓住产业兴旺这个核心，作为优先考虑因素和实践突破点，真正打通农村产业发展的"最后一公里",为农业农村实现现代化奠定坚实的物质基础。

（二）生态宜居是乡村振兴的基础

加快生态文明体制改革，建设美丽中国。美丽中国起点和基础是美丽乡村。乡村振兴战略提出要建设生态宜居的美丽乡村，更加突出了新时代重视生态文明建设与人民日益增长的美好生活需要的内在联系。乡村生态宜居不再是简单强调单一化生产场域内的"村容整洁"，而是对"生产、生活、生态"为一体的内生性低碳经济发展方式的乡村探索。生态宜居的内核是倡导绿色发展，是以低碳、可持续为核心，是对"生产场域、生活家园、生态环境"为一体的复合型"村镇化"道路的实践探索和路径示范。绿水青山就是金山银山。乡村产业兴旺本身就蕴含着生态底色，通过建设生态宜居家园实现物质财富创造与生态文明建设互融互通，走出一条具有中国特色的乡村绿色可持续发展道路，在此基础上真正实现更高品质的生活富裕。同时，生态文明也是乡风文明的重要组成部分，乡风文明内涵则是对生态文明建设的基本要求。此外，实现乡村生态的更好治理是实现乡村有效治理的重要内容，治理有效必然包含着有效的乡村生态治理体制机制。从这个意义而言，打造生态宜居的美丽乡村必须要把乡村生态文明建设作为基础性工程扎实推进，让美丽乡村看得见未来，留得住乡愁。

（三）乡风文明是乡村振兴的关键

文明中国根在文明乡风，文明中国要靠乡风文明。乡村振兴想要实现新发展，彰显新气象，传承和培育文明乡风是关键。乡土社会是中华民族优秀传统文化的主要阵地，传承和弘扬中华民族优秀传统文化必须要注重培育和传承文明乡风。乡风文明是乡村文化建设和乡村精神文明建设的基本目标，培育文明乡风是乡村文化建设和乡村精神文明建设的主要内容。乡风文明的基础是重视家庭建设、家庭教育和家风家训培育。家庭和睦则社会安定，家庭幸福则社会祥和，家庭文明则社会文明；良好的家庭教育能够授知识、育品德，提高精神境界、培育文明风尚；优良的家风家训能够弘扬真善美、抑制假恶丑，营造崇德向善、见贤思齐的社会氛围。积极倡导和践行文明乡风能够有效净化社会风气，培育乡村德治土壤，推动乡村有效治理；能够推动乡村生态文明建设，建设生态宜居家园；能够凝人心、聚人气，营造干事创业的社会氛围，助力乡村产业发展；能够丰富农民群众文化生活，汇聚精神财富，实现精神生活上的富裕。实现乡风文明要大力实施农村优秀传统文化保护工程，深入研究阐释农村优秀传统文化的历史渊源、发展脉络、基本走向；要健全和完善家教、家风、家训建设工作机制，挖掘民间蕴藏的丰富家风、家训资源，让好家风、好家训内化为农民群众的行动遵循，要建立传承弘扬优良家风、家训的长效机制，积极推动家风、家训进校园、进课堂活动，编写优良家风、家训通识读本，积极创作反映优良家风、家训的优秀文艺作品，真正把文明乡风建设落到实处，落到细处。

（四）治理有效是乡村振兴的保障

实现乡村有效治理是推动农村稳定发展的基本保障。乡村治理有效才能真正为产业兴旺、生态宜居、乡风文明和生活富裕提供秩序支持，才能有序推进乡村振兴。新时代乡村治理的明显特征是强调国家与社会之间的有效整合，盘活乡村治理的存量资源，用好乡村治理的增量资源，以有效性作为乡村治理的基本价值导向，平衡村民自治实施以来，乡村社会面临的冲突和分化。也就是说，围绕实现有效治理这个目标，乡村治理技术手段可以更加多元、开放和包容。只要有益于推动实现乡村有效治理的资源都可以充分地整合利用，而不再简单强调乡村治理技术手段问题，而忽视对治理绩效的追求和乡村社会的秩序均衡。

（五）生活富裕是乡村振兴的根本

生活富裕的本质要求是共同富裕。改革开放四十多年，农村经济社会发生了历史性巨变，农民的温饱问题得到彻底解决，农村正在向着全面建成小康社会迈进。但是，广大农村地区发展不平衡、不充分的问题也日益凸显，积极回应农民对美好生活的诉求必须要直面和解决这一问题。生活是否富裕，对于农民而言有着切身感受。长期以来，农村地区发展不平衡、不充分的问题让农民感受到了一种"被剥夺感"，农民的获得感和幸福感也随之呈现出"边际现象"，也就是说，简单地靠存量增长已经不能有效提升农民的获得感和幸福感。生活富裕相较于生活宽裕而言，虽只有一字之差，但其内涵和要求发生了非常大的变化。生活宽裕的目标主要是解决农民的温饱问题，进而使农民的生活水平基本达到小康，而实现农民生活宽裕主要依靠的是农村存量发展。生活富裕的目标则是农民的现代化问题，是要切实提高农民的获得感和幸福感，消除农民的"被剥夺感"，而这也使得生活富裕具有共同富裕的内在特征。如何实现农民生活富裕？显然，靠农村存量发展已不具有可能性。有效激活农村增量发展空间是解决农民生活富裕的关键。而乡村振兴战略提出的产业兴旺则为农村增量发展提供了方向。

二、推进乡村振兴的战略导向

（一）坚持高质量发展

实施乡村振兴战略是建设现代化经济体系的主要任务之一，尽管实施乡村振兴战略涉及的范围实际上超出经济工作，但推动乡村振兴高质量发展应该是实施乡村振兴战略的基本要求和导向之一。在实施乡村振兴战略的过程中，坚持高质量发展的战略导向，需要弄清楚什么是乡村振兴的高质量发展，怎样实现乡村振兴的高质量发展？

1. 突出抓重点、补短板、强弱项的要求

随着中国特色社会主义进入新时代，中国社会主要矛盾转化为人民日益增长的美好生活需要和不平衡不充分发展之间的矛盾。实施乡村振兴战略的质量如何，首先要看其对解决社会主要矛盾有多大实质性的贡献，对于缓解工农城乡发展不平衡和"三农"发展不充分的问题有多大实际作用。比如，随着城乡居民收入和消费水平的提高，社会需求结构加快升级，呈现个性化、多样化、优质化、绿色化迅速推进的趋势。这要求农业和农村产业发展顺应需求结构升级的趋势，增强供给适应需求，甚至创造需求、引导需求的能力。与此同时，对农村产业发展在继续重视"生产功能"的同时，要求更加重视其生活功能和生态功能，将重视产业发展的资源环境和社会影响，同激发其科教、文化、休闲娱乐、环境景观甚至体验功能结合起来。尤其是随着"90后""00后""10后"逐步成为社会的主流消费群体，产业发展的生活、生态功能更加需要引起重视。以农业为例，要求农业在"卖产品"的同时，更加重视"卖风景""卖温情""卖文化""卖体验"，增加对人才、人口的吸引力。近年来，电子商务的发展日益引起重视，一个更要原因是其有很好的链接和匹配功能，能够改善居民的消费体验、增进消费的便捷性和供求之间的互联性，而体验、便利、互联正在成为实现社会消费需求结构升级和消费扩张的重要动力，尤其为边角化、长尾性、小众化市场增进供求衔接和实现规模经济提供了新的路径。

2. 突出推进供给侧结构性改革

推进供给侧结构性改革的核心要义是按照创新、协调、绿色、开放、共享的新发展理念，提高供给体系的质量、效率和竞争力，即增加有效供给，减少无效供给，增强供给体系对需求体系和需求结构变化的动态适应和反应能力。当然，这里的有效供给包括公共产品和公共服务的有效供给。这里的提高供给体系质量、效率和竞争力，首先表现为提升农业和农村产业发展的质量、效率和竞争力；除此之外，还表现在政治建设、文化建设、社

会建设和生态文明建设等方面，体现这些方面的协同性、关联性和整体性。解决好"三农"问题之所以始终是全党工作的"重中之重"，归根结底是因为它是一个具有竞争弱势特征的复合概念，需要基于使市场在资源配置中起决定性作用，通过更好发挥政府作用矫正市场失灵问题。实施乡村振兴战略旨在解决好"三农"问题，重塑新型工农城乡关系。因此，要科学区分"三农"问题形成演变中的市场失灵和政府失灵，以推进供给侧结构性改革为主线，完善体制机制和政策环境。借此，将支持农民发挥主体作用、提升农村人力资本质量与调动一切积极因素并有效激发工商资本、科技人才、社会力量参与乡村振兴的积极性结合起来，通过完善农村发展要素结构、组织结构、布局结构的升级机制，更好地提升乡村振兴的质量、效率和竞争力。

3. 协调处理实施乡村振兴战略与推进新型城镇化的关系

"乡村振兴战略"与"科教兴国战略""可持续发展战略"等被列入其中，但"新型城镇化战略"未被列入要坚定实施的七大战略中，这并不等于说推进新型城镇化不是一个重要的战略问题。之所以这样，主要有两方面的原因：一是城镇化是自然历史过程。虽然推进新型城镇化也需要"紧紧围绕提高城镇化发展质量"，也需要"因势利导、趋利避害"，仍是解决"三农"问题的重要途径，但城镇化更是"我国发展必然要遇到的经济社会发展过程""是现代化的必由之路"，必须"使城镇化成为一个顺势而为、水到渠成的发展过程"。而实施七大战略则与此有明显不同，更需要摆在经济社会发展的突出位置，更需要大力支持。二是实施乡村振兴战略是 21 世纪中叶全面建设社会主义现代化国家过程中的重大历史任务。虽然推进新型城镇化是中国经济社会发展中的一个重要战略问题，但 2030—2035 年城镇化率达到 75% 左右后，中国城镇化将逐步进入饱和阶段，届时城镇化率提高的步伐将明显放缓，城镇化过程中的人口流动将乡—城单向流动转为乡—城流动、城—城流动并存，甚至城—乡流动的人口规模也会明显增大。届时，城镇化的战略和政策将会面临重大阶段性转型，甚至逆城镇化趋势也将会明显增强。那么，怎样科学处理实施乡村振兴战略与推进新型城镇化的关系？关键是建立健全城乡融合发展的体制机制和政策体系。

4. 科学处理实施乡村振兴战略与推进农业农村政策转型的关系

乡村振兴的高质量发展，最终体现为统筹推进增进广大农民的获得感、幸福感、安全感和增强农民参与乡村振兴的能力。在推进工业化、信息化、城镇化和农业现代化的过程中，农民利益最容易受到侵犯，最容易成为增进获得感、幸福感、安全感的薄弱环节。注意增进广大农民的获得感、幸福感、安全感，正是实施乡村振兴战略的重要价值。当然也要看到，在实施乡村振兴战略的过程中，农民发挥主体作用往往面临观念、能力和社会资本等局限。因此，调动一切积极因素，鼓励社会力量和工商资本带动农民在参与乡村振兴的过程中增强参与乡村振兴的能力，对于提升乡村振兴质量至关重要。

（二）坚持农业农村优先发展

1. 以完善产权制度和要素市场化配置为重点，优先加快推进农业农村市场化改革

公平竞争是市场经济的基本原则，是市场机制高效运行的重要基础。统一开放、竞争有序的市场体系，是市场在资源配置中起决定性作用的基础，要"确立竞争政策基础性地位"。因此，要通过强化公平竞争的理念和社会氛围，以及切实有效的反垄断措施，完善维护公平竞争的市场秩序，促进市场机制有效运转；也要注意科学处理竞争政策和产业政策的关系，积极促进产业政策由选择型向功能型转变，并将产业政策的主要作用框定在市场失灵领域。

2. 加快创新相关法律法规和监管规则，优先支持优化农业农村发展环境

通过完善法律法规和监管规则，清除不适应形势变化、影响乡村振兴的制度和环境障碍，可以降低"三农"发展的成本和风险，也有利于促进农业强、农民富、农村美。例如，近年来积极推进农村宅基地制度改革试点，但实际惠及面仍然有限，严重影响农村土地资源的优化配置，导致大量宅基地闲置浪费，也加大了农村发展新产业、新业态、新模式和建设美丽乡村的困难，制约农民增收。

坚持农业农村优先发展，还应注意以下两个方面。一是强化政府对"三农"发展的"兜底"作用，并将其作为加强社会安全网建设的重要内容。近年来，国家推动农业农村基础设施建设、持续改善农村人居环境、加强农村社会保障体系建设、加快建立多层次农业保险体系等，都有这方面的作用。二是瞄准推进农业农村产业供给侧结构性改革的重点领域和关键环节，加大引导支持力度。如积极推进质量兴农、绿色兴农，加强粮食生产功能区、重要农产品生产保护区、特色农产品优势区、现代农业产业园、农村产业融合发展示范园、农业科技园区、电商产业园、返乡创业园、特色小镇或田园综合体等农业农村发展的载体建设，更好地发挥其对实施乡村振兴战略的辐射带动作用。

（三）坚持走城乡融合发展道路

随着工农、城乡之间相互联系、相互影响、相互作用不断增强，城乡之间的人口、资源和要素流动日趋频繁，产业之间的融合渗透和资源、要素、产权之间的交叉重组关系日益显著，城乡之间日益呈现"你中有我，我中有你"的发展格局。越来越多的问题，表现在"三农"，根在城市（或市民、工业和服务业，下同）；或者表现在城市，根在"三农"。这些问题，采取"头痛医头、脚痛医脚"的办法越来越难解决，需要创新路径，通过"头痛医脚"的办法寻求治本之道。因此，建立健全城乡融合发展的体制机制和政策体系，走城乡融合发展之路，成为实施乡村振兴战略的必经之路。借此，按照推进新型工业化、信息化、城镇化、农业现代化同步发展的要求，加快形成以工促农、以城带乡、工农互惠、城乡共荣、分工协作、融合互补的新型工农城乡关系。那么，如何坚持城乡融合发展道路，建立健全城乡融合发展的体制机制和政策体系呢？

1. 注意同以城市群为主体构建大中小城市和小城镇协调发展的城镇格局衔接起来

在当前的发展格局下，尽管中国在政策上仍然鼓励"加快培育中小城市和特色小城镇，增强吸纳农业转移人口能力"。但农民工进城仍以流向大中城市和特大城市为主，流向县城和小城镇的极其有限。这说明，当前中国大城市、特大城市仍然具有较强的集聚经济、规模经济、范围经济效应，且其就业、增收和其他发展机会更为密集；就总体而言，小城镇情况正好与此相反。因此，在今后相当长的时期内，顺应市场机制的自发作用，优质资源、优质要素和发展机会向大城市、特大城市集中仍是难以扭转的趋势。这种现象的形成，加剧了区域、城乡发展失衡问题，给培育城市群功能、优化城市群内部不同城市之间的分工协作和优势互补关系，以及加强跨区域生态环境综合整治等设置了障碍，不利于疏通城市人才、资本和要素下乡的渠道，不利于发挥城镇化对乡村振兴的辐射带动作用。

随着农村人口转移进城规模的扩大，乡—城之间通过劳动力就业流动，带动人口流动和家庭迁移的格局正在加快形成。在此背景下，过度强调以大城市、特大城市为重点吸引农村人口转移，也会因大城市、特大城市高昂的房价和生活成本，加剧进城农民工或农村转移人口融入城市、实现市民化的困难，容易增加进城后尚待市民化人口与原有市民的矛盾，影响城市甚至城乡社会的稳定和谐。

应按照统筹推进乡村振兴和新型城镇化高质量发展的要求，加大国民收入分配格局的调整力度，深化相关改革和制度创新，在引导大城市、特大城市加快集约型、紧凑式发展步伐，并提升城市品质和创新能力的同时，引导这些大城市、特大城市更好地发挥区域中心城市对区域发展和乡村振兴的辐射带动作用。要结合引导这些大城市、特大城市疏解部分非核心、非必要功能，引导周边卫星城或其他中小城市、小城镇增强功能特色，形成错位发展、分工协作新格局，借此培育特色鲜明、功能互补、融合协调、共生共荣的城市群。这不仅有利于优化城市群内部不同城市之间的分工协作关系，提升城市群系统功能和网络效应；还有利于推进跨区域性基础设施、公共服务能力建设和生态环境综合整治，为城市人才、资本、组织和资源等要素下乡参与乡村振兴提供便利，有利于更好地促进以工哺农、以城带乡和城乡融合互补，增强城市化、城市群对城乡、区域发展和乡村振兴的辐射带动作用，帮助农民增加共商共建共享发展的机会，提高农村共享发展水平。实际上，随着高铁网、航空网和信息网建设的迅速推进，网络经济的去中心化、去层级化特征，也会推动城市空间格局由单极化向多极化和网络化发展，凸显发展城市群、城市圈的重要性和紧迫性。

2. 积极发挥国家发展规划对乡村振兴的战略导向作用

要结合规划编制和执行，加强对各级各类规划的统筹管理和系统衔接，通过部署重大工程、重大计划、重大行动，加强对农业农村发展的优先支持，鼓励构建城乡融合发展的体制机制和政策体系。在编制和实施乡村振兴规划的过程中，要结合落实主体功能区战略，贯彻中央关于"强化乡村振兴规划引领"的决策部署，促进城乡国土空间开发的统筹，注意发挥规划对统筹城乡生产空间、生活空间、生态空间的引领作用，引导乡村振兴优化空间布局，统筹乡村生产空间、生活空间和生态空间。

3. 完善农民和农业转移人口参与发展、培训提能机制

推进城乡融合发展，关键要通过体制机制创新，一方面帮助农村转移人口降低市民化的成本和门槛，让农民获得更多且更公平、更稳定、更可持续的发展机会和发展权利；另一方面增强农民参与新型城镇化和乡村振兴的能力，促进农民更好地融入城市或乡村发展。要以增强农民参与发展能力为导向，完善农民和农业转移人口培训提能支撑体系，为乡村振兴提供更多的新型职业农民和高素质人口，为新型城镇化提供更多的新型市民和新型产业工人。要结合完善利益联结机制，注意发挥新型经营主体、新型农业服务主体带头人的示范带动作用，促进新型职业农民成长，带动普通农户更好地参与现代农业发展和乡村振兴。要按照需求导向、产业引领、能力本位、实用为重的方向，加强统筹城乡的职业教育和培训体系建设，通过政府采购公共服务等方式，加强对新型职业农民和新型市民培训能力建设的支持。要创新政府支持方式，支持政府主导的普惠式培训与市场主导的特惠式培训分工协作、优势互补。鼓励平台型企业和市场化培训机构在加强新型职业农民和新型市民培训中发挥中坚作用。要结合支持创新创业，加强人才实训基地建设，健全以城带乡的农村人力资源保障体系。

4. 加强对农村一、二、三产业融合发展的政策支持

推进城乡融合发展，要把培育城乡有机结合、融合互动的产业体系放在突出地位。推

进农村一、二、三产业融合发展，有利于发挥城市企业、城市产业对农村企业、农村产业发展的引领带动作用。要结合加强城市群发展规划，创新财税、金融、产业、区域等支持政策，引导农村产业融合优化空间布局，强化区域分工协作、发挥城市群和区域中心城市对农村产业融合的引领带动作用。要创新农村产业融合支持政策，引导农村产业融合发展，统筹处理服务市民与富裕农民、服务城市与繁荣农村、增强农村发展活力与增加农民收入、推进新型城镇化与建设美丽乡村的关系。鼓励科技人员向科技经纪人和富有创新能力的农村产业融合企业家转型。注意鼓励企业在统筹城乡发展、推进城乡产业融合中的骨干作用，努力营造产业融合发展带动城乡融合发展新格局。鼓励商会、行业协会和产业联盟在推进产业融合发展中增强引领带动能力。

第二节　实施乡村振兴战略与发展"智慧农业"

一、实施乡村振兴战略的必要性

（一）有利于实现农业可持续发展

农业可持续发展是指在保证农业稳步发展的情况下，实现农业资源的节约、环境的保护，实现经济发展和生态环保协调统一。马克思所提出的"物质变换"理论和其与恩格斯提出的"两个和解"理论都蕴含了可持续发展的思想，实现了人与自然的物质交换，使人类从自然界夺取的东西能返还到自然界，实现物质循环与发展。中国农业和农村发展面临很多困境，如人口众多，农业资源相对匮乏。我国人均耕地面积占有量少，这就决定了我国只能走集约高效的农业发展道路。合理地利用农业资源、改善农业生态环境、发展生态农业，符合我国基本国情，加强农村基础设施建设、弘扬优秀的传统文化，这些对于乡村振兴战略实施具有重要的意义。

（二）有利于保证农产品质量和安全

我国农产品种类多，能够基本满足国内的需求，为了提高产量而过度使用农药和化肥等化学产品，导致农村环境污染和农产品的污染。在农药的使用中，农作物吸收一部分，剩余的会进入土壤，最后污染地下水，土壤自我修复能力下降，导致土地状况不良等问题。一些有害物质在循环过程中会进入人类的身体中，也影响人们的健康和生活。乡村振兴战略就是竭力改善生态环境，依靠先进技术，追根溯源，保证农产品质量安全。

（三）有利于提升国际竞争力

中国改革开放和加入 WTO 以来，对外贸易繁荣发展，成为农产品贸易大国。国际市场竞争激烈，各国设置的绿色贸易壁垒给我国农业出口带来了严重的影响。发展生态农业是必然选择，能够促进农业发展、增加农民收入、发展农村经济，还能够保护生态环境、提高农产品质量和出口能力。粮食产量是一个重要的问题，同时粮食的质量也得达到标准，不管是产量还是质量都得牢牢把握在自己的手上。

二、"智慧农业"与传统农业的区别

"智慧农业"是农业发展史上的重要阶段，也是实现农业现代化的重要模式，它不再局限于传统的农业种植类型，而是包含了第一、二、三产业的融合发展。传统农业的发展在信息技术盛行的今天，劳动力成本的优势不再明显，不能适应现代社会的发展要求，必须改变传统的农业发展结构，走现代化农业之路。

（一）技术含量不同

在传统农业社会中，主要依靠人力或简单的操作工具来助力农业的发展，农业机械的应用和推广也会受到抑制。"智慧农业"是用现代科学技术武装起来的农业，其要素大多是由农业部门外部的现代化工业部门和服务部门提供的，以比较完善的生产条件、基础设施、现代化的物质装备为基础，合理分配物质投入和劳动力投入，从而提高农业生产效率。

（二）经营目标不同

传统农业生产技术落后，生产效率低下，农民抵御自然灾害的能力不足，受自然环境的影响较大。为了预防自然灾害给人们的生活和生存带来威胁，农民尽量多生产、多存粮以备急需，因此传统农业的生产目标主要就是产量最大化，通过产量的增加获得收入。"智慧农业"的经营目标是追求利润的最大化，以一定的投入获取最大的利润，让农业成为高度商业化的产业。"智慧农业"突破了传统农业或主要从事初级农产品原料生产的局限性，实现种养加、产供销、贸工农一体化生产，使农业的内涵不断得到拓宽和延伸，农业的链条通过延伸更加完整，农业的领域通过拓宽使农工商的结合更加紧密。尤其是食品供给的链条越来越长，环节越来越多。一种食品从开始种植到利用，要经过生产、加工、流通等诸多环节，食品的供给体系越来越复杂化、国际化。

（三）规模化程度不同

传统农业是一家一户式分散经营，不具有规模化，农业生产效率和农民收入都不高，社会生产力发展到一定阶段，原有的农业发展模式已显示出弊端，农业的发展日益走向现代化、智慧化。农业中的某些产业受到集聚规模效益的驱动，向特定农业资源的地理区域集中，从而形成具有一定规模、地域特征明显的"智慧农业"产业集聚区。"智慧农业"按照区域比较优势原则，突破行政区划的界限，使分散农户形成区域生产规模化，实现资源的优化配置。"智慧农业"的发展注重产业规模化，具有一定的产业化经营水平和潜力，能够从根本上解决农村经济发展落后的问题。

（四）管理方式不同

"智慧农业"广泛采用先进的经营方式、管理技术和管理手段，从农业产前到产后形成比较完整的、有机衔接的产业链，具有很高的组织化程度。高效、稳定的销售渠道，具有较高素质的农业经营管理人才和职业化农民，这些构成了"智慧农业"发展必备的现代农业管理体系。

三、发展"智慧农业"与实现乡村振兴

建设社会主义新农村，强调要按照"生产发展、生活宽裕、乡风文明、村容整洁、管理民主"的要求，扎实、稳步地加以推进。党的十九大提出的乡村振兴战略，要按照产业兴旺、生态宜居、乡风文明、治理有效、生活富裕的总要求，建立健全城乡融合发展体制机制和政策体系，加快推进农业农村现代化。

现在我国社会的主要矛盾就是人民日益增长的美好生活需要和不平衡、不充分的发展之间的矛盾。现阶段，我国的城市化和工业化发展势头正旺，但是农村农业的现代化发展相对比较缓慢，城市和农村发展差距依然存在，帮助农民摆脱贫困的问题还是非常艰巨的。只有重视建设农业农村现代化，并且有效地推进农业农村的平衡、充分、现代化发展，才能够真正实现社会主义现代化强国的目标。走中国特色的减贫之路，需要乡村振兴战略，这是一个综合性战略，能够改善民生，进行精准扶贫。加快发展现代高效农业，促

进第一、二、三产业融合，增加农民收入，这是实施乡村振兴战略的要旨。发展"智慧农业"应与实现乡村振兴相互契合。中国社会科学院财经战略研究院研究员李勇坚认为，互联网发展给中国乡村带来了以下几个方面的机遇：一是农产品有了更广阔的市场空间，为乡村发展注入新的活力；二是有利于改善农村的商业消费环境，提高乡村消费水平；三是有助于乡村精准扶贫；四是有助于农村金融的发展；五是有助于提升乡村治理水平。以互联网发展促进乡村振兴需要多措并举：一是需要农产品上行与工业品下行同时发力；二是要加快推动农村各类服务互联网化；三是利用互联网挖掘贫困地区的各类资源价值；四是利用互联网发展乡村公共服务，传播乡村特色文化；五是利用互联网发展与"三农"相关的金融服务。

互联网的不断发展、信息化技术的广泛使用促进了"智慧农业"的产生，农业日益走向网络化、智能化，"智慧农业"成为乡村振兴发展的重要路径。苏宁控股集团董事长张近东表示，农业发展是乡村振兴战略的基础支撑。伴随着互联网等新技术的加速涌现，数字农业、"智慧农业"应运而生，农业发展迈入了"新的春天"。"智慧农业"具有高效率、智能化、精准化等一系列特点，对解决我国人多地少的实际国情和全面建成小康社会具有重要的现实意义。

（一）乡村振兴战略为"智慧农业"发展引导方向、拓展思路

1. 乡村振兴战略的提出，为"智慧农业"注入活力

源于乡村振兴战略，各类资本投入农业的兴趣将被再度激发，新一轮农业投资热潮迎面而来。政府对农村和农业的高度关注与科学规划，再加上充足社会资金的投入，使农村农业面临发展的重大机遇，"智慧农业"被注入了无限活力、被开发出了无限潜力。

2. 乡村振兴的政策体系，为"智慧农业"指明道路

随着乡村振兴战略的提出，中国从上到下倍感振奋，各级政府部门抓紧时间出台规划和各类政策，为农业供给侧改革明确新的方向。实施乡村振兴战略，是解决新时代主要矛盾、实现"两个一百年"奋斗目标和全体人民共同富裕的必然要求，是深度融入京津冀协同发展、补齐发展短板、实现高质量发展的必由之路，具有重大现实意义和深远历史意义。

3. 乡村振兴的成效，为"智慧农业"夯实基础

坚持农业农村优先发展。把实现乡村振兴作为全党的共同意志、共同行动，做到认识统一、步调一致，在干部配备上优先考虑，在要素配置上优先满足，在资金投入上优先保

障，在公共服务上优先安排，加快补齐农业农村短板。政府规划和引导、农民以及全社会积极参与，中国的农村将要实现农业强、农村美、农民富的美好愿景。在乡村振兴逐步深入推进的过程中，一些问题如农村农业基础设施差、部分农村居民思想滞后、科技力量欠缺等障碍将被大力破解，为"智慧农业"的发展夯实基础。

（二）"智慧农业"发展给乡村振兴提供助力、提供保障

产业兴旺是实现乡村振兴的重要内容，发展"智慧农业"是产业兴旺的核心，就是依靠信息技术和科学手段推动农业、林业、牧业、渔业和农产品加工业转型升级，提升良种化、科技化、信息化、标准化、制度化和组织化水平。随着农村改革的不断深化，除了农业这个根基之外，延伸出来的农村第二产业、第三产业也不断发展起来。要大力发展新型职业农民，调动广大农民的积极性、创造性，形成现代农业产业体系，推进农村一、二、三产业融合发展，促进农业产业链延伸，保持农业农村经济发展鲜活的生命力。"智慧农业"可推动农业产业结构的优化升级，一些传统资源、农业废弃物被综合利用，新模式的农业蓬勃发展；在稳定传统农业的基础上，不断拓展农业其他功能，实现现代先进科技与农业产业的融合发展。

生态宜居是提高乡村发展质量的保证，发展"智慧农业"对生态宜居有辅助作用。在过去很长一段时期，我国农业发展主要是粗放式经营，追求高产是目标，虽然带来了丰富的农产品，但对生态环境造成了一定的破坏。随着经济的发展，人们的需求越来越高，不仅要提供优质的农产品，还要提供生态产品以及具有乡情、农耕文化的精神产品，满足这些需求，离不开生态宜居的良好环境。"智慧农业"主要秉承保护自然、顺应自然、敬畏自然的生态文明理念，提倡绿色生态理念，不断完善基础设施建设，注重人与自然和谐共生，让乡村人居环境绿起来、美起来，实现乡村振兴。

乡风文明是乡村建设的灵魂，发展"智慧农业"可促进乡风文明的发展。乡风文明的实质和核心是农民的知识化、文明化、现代化。推进乡风文明建设，就是要破除农村中的不良现象，坚持物质文明和精神文明、社会文明和生态文明一起抓。努力实现乡村传统文化与现代文明的融合，其关键在于建设富裕农村。物质基础决定上层建筑，发展"智慧农业"有利于提高农民收入，实现精准扶贫，从而推动农民素质的提升，农村文明程度的提高。

治理有效是实现乡村振兴、乡村善治的核心。治理越有效，乡村振兴战略的实施效果就越好。我国具有悠久的农耕文化和乡村自治传统，在农村，人们使用共同的资源、共同

的环境、共同的秩序，有自己的行为规范。随着农业生产方式的改革，农村社会结构分化，大量农村劳动力外出打工，有些村子成了"空心村"，丧失了自治能力，因此乡村治理尤为重要。应建立健全现代乡村社会治理体制，完善乡村治理体系，加强基层民主和法治建设，确保农村更加和谐、安定、有序。

生活富裕是乡村振兴的目标，乡村振兴战略的实施效果要用农民生活富裕程度来评价。生活富裕就是要让农民增收，要发展农业新产业、新业态，打破城乡二元经济，推动一、二、三产业的融合，延长农业产业链，对农产品进行深加工，把农业附加值留在农村内部。同时，发展农村电商，合理布局生产、加工、包装、品牌，打造完整的农村电商产业链。发展"智慧农业"能够实现产业化经营，有利于提高农民收入，缩小城乡居民收入差距，最终达到共同富裕。

第三节　"智慧农业"的并行模式

一、"互联网+现代农业"的内涵

近几年，国家致力于农业发展的信息化、智能化，由单纯依赖劳动力投入的传统农业逐渐过渡到现代化农业、信息化农业。2018年中央一号文件《关于实施乡村振兴战略的意见》提出，到2035年，乡村振兴要取得决定性进展，农业农村现代化基本实现。从以上足以看出，国家对农业现代化发展非常重视。"互联网+现代农业"作为一种新型的发展模式，与新形势下农业现代化建设的理念相契合。"互联网+"是指利用互联网的信息化、技术化对传统产业进行转型、升级，使有效信息被挖掘、利用、转化，注重对传统产业效益的提升，实现经济的快速发展。"互联网+现代农业"不是"互联网+"与现代农业的简单叠拼，而是两者的深度融合。综合来看，"互联网+现代农业"是指在农业中广泛运用互联网技术、大数据、云计算、物联网等先进技术，以信息化、智能化、产业化为主要形式，调整农业产业结构，促进农业升级优化，保障农业可持续发展，加快实现农业现代化、"四化同步"。

二、"互联网+现代农业"的主要特征

为了更好地理解"互联网+现代农业"，我们把"互联网+现代农业"的特征总结为

"八化"，即品种良种化、布局区域化、生产智能化、经营产业化、服务信息化、农产品品牌化、农民职业化、发展国际化。

（一）品种良种化

关于良种的作用，毛泽东曾经说过："有了优良品种，既不增加劳力、肥料，也可获得较多的收成。"纵观现代农业生产的发展和进步，无一不是良种在起着关键性的作用。要实现农业的现代化，一是要提高良种覆盖率，二是要不断进行品种更新。"互联网+现代农业"就是运用互联网技术、大数据分析等对农作物的育种、生长环境等方面实现有效控制，做到品种良种化，有利于提升农产品品质，实现农业产出高效。

（二）布局区域化

每一个优良品种，都有自己最适宜的栽培区域，只有把它放在最适宜的地区栽培，才能充分发挥其作用。布局区域化，主要是指把优良品种安排在最适宜的地区集中栽培，以发挥其最大的潜力和比较优势。"互联网+现代农业"，就是运用现代信息技术、大数据分析，使农业资源优化配置，形成优势农产品生产区和产业带，提升农业发展效益和产业竞争能力。

（三）生产智能化

靠天、靠经验的传统农业生产方式已经不适应时代发展的潮流，在"互联网+"时代背景下，应充分利用互联网技术、云计算、大数据分析，提高农业生产效率，实现农业生产的精细化。农业生产者可通过物联网技术、3S技术（遥感技术、地理信息系统、全球定位系统）、生态环境监测系统等，注重农业生产的智能化，提高农业资源利用率，实现农业现代化的快速发展。

（四）经营产业化

农业产业化经营要充分运用互联网技术、大数据分析、开放平台来组织现代农业的生产和经营。"互联网+现代农业"对农业和农村经济实行区域化布局、精准化生产、网络化服务和在线化管理，形成产、供、销"一条龙"的经营方式和产业组织形式，推动农业的发展日益呈现出规模化、产业化的特征。

（五）服务信息化

"互联网+现代农业"基于农业大数据共享平台、大数据分析等，可实现农业生产、农业流通、农业管理过程中服务的精准化、共享化，帮助农业生产者获取农作物生长信息、市场信息、物流信息、农业发展动态信息等，提升农业的市场竞争力，振兴乡村经济，加速农业现代化的进程。

（六）农产品品牌化

国际环境的变化对我国农业产业的发展产生了深刻的影响，农产品市场的竞争异常激烈。从一定意义上讲，没有品牌和商标的农业，不是现代化农业，也无法适应市场经济。好的品牌，意味着好的质量、好的价格，有利于农业增效、农民增收。因此，建立和培育农产品品牌已经成为我国农产品生产经营者提升市场竞争力的必然选择，成为我国农业产业化和现代化进程中不能回避的重要环节。互联网开放、透明、共享的特性，迫使农业企业更加注重品牌。借助互联网技术，建立农产品质量安全追溯平台，保证农产品质量和安全，树立农产品品牌，有利于平衡农产品供需结构。

（七）农民职业化

"互联网+现代农业"的发展，从根本上讲，最终取决于科技的进步和劳动者素质的提高。加快实现农业现代化，适应"互联网+现代农业"发展的需要和应对市场经济的挑战，就必须高度重视和加速农民职业化的进程，培养更多的知识型农民、职业化农民。在"互联网+"时代背景下，迫使农民转变传统农业思维，塑造农民职业化身份。

（八）发展国际化

当今世界正面临着工业化、信息化、城镇化、市场化、国际化深入发展的新形势。要实现农业现代化，就必须有国际化的视野，实现国内农业生产、流通、消费与国际对接。"互联网+现代农业"充分利用现代信息技术，注重农业生产的智能化、信息化、规模化，降低农业生产成本。农业产业不断升级与优化，提高了农产品的科技含量，农产品品牌日益国际化，与国际接轨，有利于夯实我国农业发展的国际竞争力。

三、"互联网+现代农业"创新发展体系

"互联网+"使传统农业向生产科学化、经营产业化、销售精准化、服务信息化等方

向转型升级，由此构建了一种基于"互联网+"背景下农业的创新发展体系，以生产—经营—流通—深发展为主线，用"互联网+"串连起现代农业的发展链条，有利于解决我国的"三农"问题，促进农业经济的繁荣发展。"互联网+现代农业"创新发展体系主要包括生产体系、经营体系、流通体系、"服务+管理"体系以及可持续发展体系。这五大体系相互联系，不可分割，以互联网、大数据、云计算等信息技术手段为媒介，渗透于农业的各个方面，促进农业经济全面现代化的实现。"互联网+现代农业"生产体系可以从源头上提高农业经济的竞争力，互联网技术进入育种、栽培、灌溉、收割、加工等农业生产环节，促进农业生产精细化、专业化基于互联网、大数据等手段提升农业生产各个环节的智能化水平。"互联网+现代农业"经营体系主要以土地为基础，融合现代互联网信息技术，实行土地改革，改变以家庭联产承包责任制为主的经营体制，形成"互联网+现代农业"发展的适度规模化、产业化优势。"互联网+现代农业"流通体系主要解决农产品的销售问题，实现农业生产与需求之间的精准对接，主要通过农业电子商务体系达到供需平衡，提高农民收入，实现精准扶贫。"互联网+现代农业"可持续发展体系可实现农产品深加工、各产业融合、生态环境保护、创意农业等，保障"互联网+现代农业"的长远发展。"互联网+现代农业"的"服务+管理"体系贯穿于生产体系、经营体系、流通体系、可持续发展体系中，基于信息化手段和信息共享平台提供技术服务、社会化服务等，使各个体系相互融合，实现农业、农村现代化治理。

四、"互联网+现代农业"发展维度探析

（一）从国家宏观维度上加强顶层规划设计，引导"互联网+现代农业"

"互联网+现代农业"是现代信息技术与农业深度融合的战略性思维，对农业现代化的实现有重要的推动作用。但是在国家宏观维度上尚缺顶层规划设计和一些政策引导，导致"互联网+现代农业"呈现出局部性或片面性发展，各自为政，影响了我国农业现代化的实现，对农业国际竞争力的提升也大打折扣。因此，应加强"互联网+现代农业"顶层规划设计，尽快出台"互联网+现代农业"发展规划，借助大数据、云计算等手段，制定"互联网+现代农业"的发展目标、任务和步骤，统一布局、统一协调、稳步推进，在国家宏观指导下开展"互联网+现代农业"的实施性工作，在省市县尽快出台"互联网+现代农业"发展方案，确定技术发展思路图，加强关键技术和基础领域在互联网与农业深度融合上的实践与创新。加强政策引导，在政策制定和扶持上适度向"互联网+现代农业"

倾斜，如加大农业智能化技术研发补贴、加大农村科研经费投入等，为"互联网+现代农业"发展提供资金支持；完善"互联网+"时代下一些"惠农"发展机制，为"互联网+现代农业"的实现提供有利条件。建立健全激励机制，对成效突出的示范区可加大支持力度，对成效不突出或发展缓慢的地区要减少或暂停相关政策项目支持。

（二）从农业生产维度上提高农业生产智能化水平，促进"互联网+现代农业"

提高农业生产智能化水平，是新时代条件下提高农业大国竞争优势和提升政府治理能力的有效路径。"互联网+现代农业"重视农业生产的信息化、智能化，提出"精准农业"，能够节约成本，提升农产品的品质，提高农业发展效益，增加农民收入。利用大数据、云计算、物联网等技术，在育种、栽培、生长、灌溉等环节，做到科学种植、合理生产，不断提升农作物生产的效益。可重点推广节水、节药、节肥、节劳动力的物联网技术，提高农业生产的劳动生产率和土地生产率。在农产品生长环节，充分利用大数据、云计算精准获取农作物生长信息、环境信息等，选择优良的品种，保障农作物生长的安全和质量，有利于调节农产品的供应，满足人们的需求。将大数据分析、云计算运用到农产品质量安全监管的全过程，加强农产品质量溯源管理，满足人们对"舌尖上的安全"的渴求，打造特色农产品品牌，树立品牌意识，推进地区精准扶贫。

（三）从经营方式维度上鼓励农业适度规模化经营，推动"互联网+现代农业"

农业适度规模化经营是"互联网+现代农业"的必经之路，只有农业适度规模化经营才能有效地把互联网技术、先进的大数据分析应用到农业经济中，提高产量、降低经营成本，实现农业产业化发展。农业适度规模化经营，首要破除农民"视土地为命根"的思维，依法推进农村土地使用制度改革，规范、合理地促进土地承包经营权的流转。国家鼓励和支持土地经营权流转，落实农村土地承包关系稳定并长久不变政策，衔接落实好第二轮土地承包到期后再延长 30 年的政策，保护农民土地权益，建立规范有序的土地流转市场，完善土地补偿机制，健全农村社会保障体系。促进农业适度规模化经营，可采取多种方式，如可实行联户经营、树立统一标准的规模化经营、涉农组织带动的规模化经营等，不断探索适合"互联网+现代农业"发展的规模化经营模式。

（四）从基础设施建设维度上深度融合农业现代信息技术，发展"互联网+现代农业"

"互联网+现代农业"发展的关键在于与现代信息技术的深度融合，必须加快农村互联网基础设施建设，"宽带中国"战略的推进有助于我国信息基础设施建设水平的提升，着重解决宽带"村村通"问题，缩小城乡互联网普及率差距，降低农村互联网资费标准和使用成本，逐步扩大信息网络在农村的覆盖范围，优化农村信息服务环境。加快建设农业大数据工程、大数据中心，是农业实现跨越式发展的动力。全面采集农业信息，整合全方位信息服务，让农民能够了解农业大数据信息的使用，可确保农业信息及时、准确、有效，提高农民使用农业信息资源利用的效率，为顺利实现"互联网+现代农业"的科学发展提供信息保障。在农产品流通渠道上深度融合农业现代信息技术，积极推动农村电商发展。发展农村电商是实现"互联网+现代农业"的重要手段，有利于实现农产品的供应与消费者需求的精准对接，也是实现农民创业创收的重要方式。要推动农村电子商务平台的建立，增加较完善的电商平台在农业方面的投入力度，如加大对阿里巴巴、京东、拼多多等的投入，还要培养、鼓励一些涉农企业或组织建立电商平台，让农产品可实现线上线下同步交易。加强农村物流基础设施建设，完善农产品物流配送体系，降低农村物流运输成本，保障农产品的运输和配送，从而不断提高农村电商的盈利水平，拓宽农村网购市场，带动农村服务业的升级与发展。

（五）从经营主体维度上培养新型职业化农民，践行"互联网+现代农业"

"互联网+现代农业"的发展，各参与主体都要逐渐转变传统农业意识，尤其是农民。国家、政府要不断宣传"互联网+"在实现农业现代化发展中的重要作用，同时也要积极培训农民，逐步渗透"互联网+"思维观念，让农民真正领悟到、感受到"互联网+"带来的利益，能够践行"互联网+现代农业"，实现农业农村经济的现代化发展。"互联网+现代农业"真正落地生根，需要大批新型职业化农民，他们不仅懂农业，还会利用网络技术管理农业，他们是实现"互联网+现代农业"建设的人才队伍。以农业适度规模化、产业化为抓手，推进农民职业化发展，提高农民的职业素养，建立新型职业农民队伍，构建智能化、移动化的新型职业农民培育体系，具体落实新型职业农民教育培训体系的构建工作，为"互联网+现代农业"发展提供智力支持。鼓励和引导大中专毕业生、返乡农民工、各类科技人员等到农村践行"互联网+现代农业"，发挥他们的能动作用，提高涉农人员素质。尤其是农村中的中青年，他们接受新鲜事物比较快，对互联网的操作和使用比较熟练，相关部门应做好扶持工作，鼓励他们回农村、在农村工作，带动农业农村经济现代化的实现。

（六）从发展长效维度上拓展农业发展多种功能，提升"互联网+现代农业"

由于农业资源的有限性、环境的污染性以及人们需求的无限性，拓展农业发展多种功能是提升"互联网+现代农业"的重要手段，有助于农业农村的长效发展和农村环境的改善。要利用现代信息技术、大数据分析、云计算等，推进农业与文化、教育、科技、生态、康养、旅游的融合，提高农产品附加值，提升农业持续竞争力。要利用农村天然禀赋优势，如自然生态环境、人文景观等积极开发农村旅游业、休闲农业、文化创意农业，推动农村服务业的发展，减少对农业农村环境的污染。利用农村地区优势，积极建设美丽田园，培育各具特色的地方品牌，形成别具一格的农业发展模式，加强宣传，助力该品牌走向国际，提高农业综合收益。融合新技术、新手段，鼓励农民、联合社会各类组织对农业进行改造和创新，充分发挥出农业的优势，挖掘出农业的多种功能，实现乡村振兴。

第六章 农业自然资源与管理

第一节　农业自然资源与土地资源概述

一、农业自然资源

（一）农业自然资源的概念

农业自然资源是指存在于自然界中，在一定的生产力水平和经济条件下，能够被人类应用于农业生产的各种物质、能量和环境条件的总称。农业自然资源由四个方面的内容构成。

1. 气候资源

气候资源，即太阳辐射、降水、温度等气候因子的数量及其特定组合。其中，太阳辐射是农业自然再生产的主要能源，植物体的干物质有 90%~95% 需要利用太阳能通过光合作用合成。水既是合成有机物的原料，也是一切生命活动所必需的条件；而陆地上的水主要来自自然降水。温度是动植物生长发育的重要条件，在水分、肥料和光照都满足的情况下，在一定适温范围内，许多植物的生长速率与环境温度成正比。因此，气候资源在相当大的程度上决定农业生产的布局、结构以及产量的高低和品质的优劣。农业气候资源通常采用具有一定农业意义的气象（气候）要素值来表示。

2. 水资源

水资源，即可供农业生产和人类生活开发利用的含较低可溶性盐类而不含有毒物质的水分来源，通常指可以逐年得到更新的那部分淡水资源量。水资源是一种动态资源，包括地表水、土壤水和地下水，而以大气降水为基本补给来源。地表水指河川、湖泊、塘库、沟渠中积聚或流动的水，一般以常年的径流量或径流深度表示。土壤水指耕层土壤土粒的吸湿水和土壤毛管水。地下水指以各种形式存在于地壳岩石或土壤空隙中可供开发利用的水。水资源对农业生产具有两面性：它既是农业生产的重要条件，又是洪、涝、盐、渍等农业灾害的根源。

3. 土地资源

土地资源一般指能供养生物的陆地表层，包括内陆水域，但不包括海域。土地中除非农业用地外，还有一部分是难以利用或基本不能利用的沙质荒漠、戈壁、沙漠化土地、永久积雪和冰川、寒漠、石骨裸露山地、沼泽等。随着科学技术和经济的发展，有些难以利用的土地正在逐步用于农业生产。

按用途和利用状况，可以将农业土地资源分为：①耕地，指耕种农作物的土地，包括水田、水浇地、旱地和菜地等。②园地，指连片种植、集约经营的多年生作物用地，如果园、桑园、茶园、橡胶园等。③林地，指生长林木的土地，包括森林或有林地、灌木林地、疏林地和疏林草地等。④草地，指生长草类可供放牧或刈割饲养牲畜的土地，不包括草田轮作的耕地。凡已加利用的草地（也称草场），按其不同的经营利用方式，可分为天然草地、改良草地、人工草地等。⑤内陆水域，指可供水产养殖、捕捞的河流、湖泊、水库、坑塘等淡水水面以及苇地等。⑥沿海滩涂，又称海涂或滩涂，是海边潮涨潮落的地方，位于大潮高低潮位之间，海岸地貌学上称为潮间带，是沿海可供水产养殖、围海造田、喜盐植物生长等的特殊自然资源。

4. 生物资源

生物资源，即可作为农业生产经营对象的野生动物、植物和微生物的种类及群落类型，从广义上来说，人工培养的植物、动物和农业微生物品种、类型，也包括在生物资源的范畴之内。生物资源除用作育种原始材料的种质资源外，主要包括：①森林资源，指天然或人工营造的林木种类及蓄积量。②草地资源，指草地植被的群落类型及其生产力。③水产资源，指水域中蕴藏的各种经济动植物的种类及数量。④野生生物资源，指具有经济价值可供捕、捞或采、挖的兽类、鸟类、药用植物、食用菌类等。⑤珍稀生物资源，指具有科学、文化价值的珍稀动植物。⑥天敌资源，指有利于防治农业有害生物的益虫、益鸟、蛙、益兽和有益微生物等。

农业自然资源是人类赖以生存和发展的物质基础，根据农业自然资源的状况、特点和开发潜力，加以合理地开发利用，对发展农业生产具有重要的战略意义，也有利于保护人类生存环境和发展国民经济。

（二）农业自然资源的特征

农业自然资源作为农业生产必不可少的要素条件，与其他工农业生产要素相比，有六方面特征。

1. 整体性

各种农业自然资源彼此相互联系、相互制约，形成统一的整体。如在一定的水、热条件下，形成一定的土壤和植被以及与此相适应的动植物和微生物群落。一种农业自然资源的变化，会引起其他自然资源甚至资源组合的相应变化，如原始森林一旦被破坏，就会引起气候变化、水土流失和生物群落的变化，成为另一类型的生态系统。

2. 地域性

由于地球与太阳的相对位置及其运动特点以及地球表面海陆分布的状况和地质地貌变化，导致地球上各个地区的水、热等条件各不相同，使农业自然资源具有明显的地域性特征。不同区域如南方和北方、东部和西部、沿海和内陆、平原和山区，农业自然资源的形成条件以至各种资源的性质、数量、质量和组合特征等都有很大差别；即使在比较小的范围内，如水田和旱地、平地和坡地、阳坡和阴坡以及不同的海拔高度之间，农业自然资源也会呈现不同的生态特点。从严格意义上来说，农业自然资源的分布，只有相似的而无相同的地区。

3. 可更新性

与各种矿产资源、化石能源随着人类的开发利用而逐渐减少的情况不同，农业自然资源一般具有可更新和可循环的特点，如土壤肥力的周期性恢复、生物体的不断死亡与繁衍、水资源的循环补给、气候条件的季节性变化等。这种更新和循环的过程会因为人类活动的干预和影响而加速，从而打破原来的生态平衡。这种干预和影响如果是合理的，就有可能在新的条件下，使农业自然资源继续保持周而复始、不断更新的良好状态，建立新的生态平衡；反之，则会形成恶性循环，破坏生态平衡。大部分农业自然资源是属于可更新的，但都比较稀缺，如果需求和消耗大于农业自然资源的更新再生能力时，就会出现供需的不平衡，导致农业自然资源的更新再生能力衰退，甚至逐渐枯竭。因此，应该珍惜和保护各种农业自然资源，提高综合利用率和产出效率，保持和提升农业自然资源的更新再生能力。

4. 可培育性

各种农业自然资源都是自然形成的，无法通过人类的生产活动来创造。人类虽然不能创造农业自然资源，却可以采取各种条件和技术措施，对农业自然资源进行培育和改良，在一定程度上改变农业自然资源的形态和性质。如通过施肥增加土壤肥力、兴建水利设施、培育优良的生物品种等，进一步发挥农业自然资源的生产潜力。

5. 有限性

地球上土地的面积、水资源的数量、到达地面的太阳辐射量等，在一定空间、一定时间内都有一定的数量限制。与此同时，人类利用农业自然资源的能力以及各种资源被利用的范围和途径，还受科学技术水平的制约。因此，在一定时期内可供开发利用的农业自然资源的规模、范围、层次、种类总是有限的。但随着科学技术的进步，人类对农业自然资源利用的深度和广度会不断扩大和延伸，同时保持农业自然资源的循环更新，使有限的资源能发挥其生产潜力。

6. 不可替代性

农业自然资源在农业生产中具有不可替代的作用，离开了土地、水资源、各种生物资源和一定的气候条件，农业生产无法进行下去。随着科学技术的不断进步，一些农业自然资源可以由人工合成品来代替，但几乎所有替代品的原材料仍来源于各种农业自然资源或其衍生物，在本质上仍然属于农业自然资源。而且到目前为止，很多农业自然资源仍无法由人工产品来替代。在可预见的一段时间内，农业自然资源仍将是农业生产中不可或缺、无可替代的物质基础。

（三）农业自然资源的分类

农业自然资源种类繁多，根据不同的分类标准，可以将农业自然资源进行以下分类。

1. 从环境科学角度

农业自然资源可分为原生性农业自然资源和次生性农业自然资源。原生性农业自然资源包括水资源和阳光、空气等气候资源，它们随着地球的形成和运动而生成并存在，属于非耗竭性资源。次生性农业自然资源是在地球演化过程中特定阶段形成的，其数量与质量都有限定性，具有一定的空间分布，属于可耗竭性资源，主要包括动物、植物、微生物等生物资源。土地资源具有原生性资源的特征，又在地球演化过程中发生变化，同时其肥力等又具有耗竭性，因此也具有次生性资源的特征。

2. 从经济学角度

农业自然资源可分为有偿使用资源和无偿使用资源。有偿使用资源是指在农业自然资源的使用过程中要付出一定的劳动或其他代价的资源，如土地资源的开垦、水利设施的兴建、动植物的饲养种植等。无偿使用资源是指无须付出任何代价就可以直接利用的资源，如阳光、空气、温度等气候资源。

3. 按可利用时间的长短

农业自然资源可分为可耗竭资源和不可耗竭资源。可耗竭资源是指随着人类的开发利用，其数量或质量会逐渐减少或下降的农业自然资源，如淡水、土壤、动物、植物、微生物等。这类资源如果得到合理利用，保持其更新再生能力，也可以持续循环利用。不可耗竭资源是指那些用之不竭的资源，如阳光、空气、海水等。这类资源如果利用不当，也有可能导致其质量下降，影响继续利用，如空气、海水的污染等。

4. 从用途角度来看

农业自然资源可分为生产性资源和服务性资源。生产性资源是指用于生产过程，在农业生产中发挥作用的农业自然资源，如用于种植或放牧的土地、农业灌溉用水、供收获的植物、供食用或役用的动物等。服务性资源是指用于服务性产业的自然资源，如供观赏的动植物、用于生活服务土地、水、阳光等。

5. 从利用状况来看

农业自然资源可分为潜在资源和现实资源。潜在资源是指尚未开发利用的农业自然资源，如荒山、荒地、荒漠，尚未被发现和利用的动植物、未被利用的水资源和气候资源等。现实资源是指已经被开发利用并正在发挥效用的农业自然资源，如正在被开垦耕种的土地和已被利用的水资源、已经被发现和正在利用的动植物等。

二、土地资源

土地资源是人类生活和从事生产、建设必需的场所和重要的生产资料，也是人类赖以生存的最宝贵、最基本的自然资源。对于农业生产来说，土地资源是基本的生产资料，一个国家利用土地资源的广度和深度，标志着这个国家农业生产的规模和水平。

（一）土地资源的概念

1. 土地的概念

土地，最直接的解释是地球表面的陆地部分。经济学意义上的土地是指由土壤、地貌、岩石、植被、水文、气候等组成的自然综合体。土地的形成与发展主要取决于自然力的作用，同时也受人类活动的影响。

2. 农业土地资源的概念

农业土地资源是指农、林、牧、渔业已经开发利用和尚未开发利用的土地的数量和质量的总称，凡是现在和可预见的将来能够被人们利用、并在一定生产技术条件下能够产生一定经济价值的土地就是农业土地资源。农业土地资源是农业自然资源的重要组成部分，包括耕地资源、林地资源、草场资源、沼泽、水面及滩涂资源等。

3. 土地和农业土地资源的关系

广义上的土地的概念认为，土地是一个综合的自然地理概念，其中也包含了人类的劳动成果。农业土地资源则是在一定科学技术条件下和一定时间内可以为人类所利用，用以创造财富、产生经济价值的那部分土地。因此，严格意义上讲，土地和土地资源是两个概念，土地资源是土地的一部分。但是，从长远和发展的观点来看，土地有其特殊价值，目前还无法利用的土地，只是因为目前科学技术条件的限制，暂时不能进行利用。从这个意义上讲，所有的土地最终都可以开发利用，土地资源等于土地。因此，土地和土地资源这两个概念相比较而言，土地资源从经济和技术范畴考虑得更多一些。

（二）土地资源的特性

1. 土地的自然特性

（1）土地面积的有限性

土地是自然历史发展的产物，对于一个国家或地区而言，土地面积的数量是一定的。人们不能随意创造和增加土地面积，而只能在现有土地面积的基础上，把没有开发利用的土地开发利用起来以及将已经开发利用的土地进一步加以改良或者进行更合理的规划，不断提高土地的生产效率和开发利用效果。由于土地面积的有限性，要求人们在农业生产中，要珍惜土地资源，保护和利用好现有耕地，合理开发利用荒地，防止土地荒芜，避免土地使用中的浪费；要防止土地污染和过度开发利用，避免出现土壤退化、沙化、功能弱化的现象；要合理使用土地，坚持土地资源的用养结合，发展生态农业，培植地力，使宝贵的土地资源可以永续利用。

（2）土地位置的固定性

土地位置的固定性是指它占有特定的空间位置，不像其他生产资料可以根据需要而移动其存在的位置。土地自形成以来就以其自然特征在一定的区域分布下来，这种分布无法根据人类的意愿而进行移动，从而显示出土地位置的固定性。处于不同位置的土地，受气候、地形、地质条件等自然因素的影响，在土地的自然性状方面会产生巨大差异。由于土地位置的固定性，决定了人类一旦选定居住地，就只能根据现有土地的特征和当地的自然条件组织生产活动。因此，在农业生产中，必须从土地自然条件的实际出发，根据需要和可能对土地加以合理开发和科学规划，因地制宜地合理利用土地，提高土地资源的利用效率。

（3）土地质量的差异性

土地固定地存在于地球的某一位置上不同地域，总是与特定的自然环境条件和社会经济条件相联系。由于土地所处地理位置、自然环境条件及社会经济条件的差异，不仅使土地构成的诸要素，如土壤、气候、水文、地貌、植被、岩石等的自然性状不同，而且受人类活动的影响也不同，从而使土地的结构和功能各异，最终表现为土地质量的差异性。

（4）土地功能的永久性

土地作为人类的活动场所和生产资料，在利用过程中不会像其他生产资料那样被磨损、消耗，只要利用得合理，可以无限次地参加生产过程，年复一年地永续使用，即土地的功能具有永久性的特征，土地利用过程中的这一特性与其他生产资料完全不同。但是，土地功能保持永久性的前提是使用得当，这就要求在农业生产过程中，对土地的利用要遵循自然法则，保持土地功能的稳定与提高，以使土地永续使用。

2. 土地的经济特性

（1）土地供给的稀缺性

土地的这一特性有两层含义：一方面，供给人们从事各种活动的土地面积是有限的；另一方面，特定地区、不同用途的土地面积也是有限的，往往不能满足人们对各类用地的需求。由于土地供给的稀缺性所引起的土地供不应求的现象，造成了地租、地价的昂贵，迫使人们节约和保护土地、集约化利用土地，努力提高土地的有效利用率和单位面积生产力。

（2）土地用途的多样性

土地具有多种用途，除了作为农业生产用地之外，土地既可以作为工业用地，又可以作为居住用地、商业用地等。由于土地的这一特性，对一块土地的利用，经常会同时产生两个以上用途，或者会从一种用途转换到另一种用途，形成土地利用方式的竞争。这种竞争能够使土地趋于最佳用途和最大经济效益，并使土地价格达到最高。土地用途的多样性要求人们在利用土地时，应该遵循土地的最有效利用原则，使土地的用途和规模、利用方法等均达到最佳。

（3）土地的垄断性

土地的垄断性也有两个层面的含义：一是土地的占有具有垄断性，即一块土地只能有一个所有者，不能同时有多个所有者。二是土地的使用具有垄断性，即在一段时间内，一块土地只能用于一种用途，不能同时用于多种用途。土地的这一特性要求对土地的产权进行明确，使土地的所有者对土地享有排他性的占有权和使用权，避免因为土地产权不明晰而产生各种矛盾纠纷，导致土地得不到合理有效利用，甚至出现闲置浪费的情况。

（4）土地利用方式变更的困难性

人类对土地资源的利用形式多种多样，这些不同的土地利用形式之间很难相互转换，有的甚至是不可逆转的，如城镇工矿用地一经利用很难重新改作农业用地。即使都是农业用地，如种植不同农作物的耕地，也往往受自然条件、经济条件、技术条件、社会风俗习惯及农作物本身因素的限制而不易进行调整。因此，对土地的利用必须慎重，应该在调查研究的基础上，做好土地利用总体规划，不要随意确定土地用途。

（5）土地报酬递减的可能性

在一定的科技水平下，在一定面积的土地上，增加农业生产要素的投入，其报酬（收益）一般会逐渐提高。但这种提高在技术上和经济上都有合理的界限，当要素投入超过这个界限，追加的要素投入所得的报酬就会趋于减少，在技术上达不到增产的目的，在经济上也不能获得良好的效益，出现土地的边际报酬递减现象。这种现象的出现是相对的、有条件的，它适用于一定生产力发展水平和科学技术条件不变的情况。为了避免土地报酬递减并获得最佳的经济效益，应该注意农业生产投资的适合度以及各种生产要素投入的适宜比例，选择集约化经营的农业生产发展方向。

（三）土地资源在农业生产中的重要性

土地是陆地上一切生物和非生物资源的载体，也是包括人类在内的一切生物生活和生存的基地和场所。同时，土地又是农业生产必不可少的劳动资料和物质条件，在农业生产中发挥着至关重要的作用。

1. 农业生产需要占用大量土地

农业生产实质上是把太阳能转化成化学能，把无机物转化成有机物的过程。一方面，农业生产过程中植物作物的生长需要大量吸收和利用太阳能，而太阳能被吸收利用的多少，除了与吸收利用太阳能的植物本身的性能有关之外，更主要的是取决于接受阳光的面积。另一方面，动物类农产品的生产也需要以土地为载体，在大面积的土地上进行畜群放牧、水产养殖等。因此，农业生产必须在广阔的土地上进行，占用大量的土地，否则就不可能生产出足够数量的、满足人类需求的各种农产品。

2. 土地质量对农业生产影响很大

农业生产中的第一性生产——植物生产，对土地具有特殊的依赖性。土地是各种植物农作物吸收养分的重要源泉，不断供给和调节农作物生长发育所需要的养分、水分、空气和热量等要素。人类的劳动作用于土地，虽然可以改善土壤中水、肥、气、热的状况，但不能直接向农作物输入物质和能量，而是要以土地为载体和媒介才能传导给农作物。此外，农业生产中的第二性生产——动物生产，其本身也是建立在植物生产基础上的，植物生产的效率直接决定着动物生产的结果。因此，土地的质量和农产品的产量、质量有着密切的关系，对农业生产有着至关重要的影响。

3. 土地对农业生态环境具有净化功能

从农业生态环境的角度来看，土地既是各种污染物的载体，也能够通过物理、化学、生化等作用，对各种污染物进行净化、代谢。在农业生产过程中，各种有机、无机污染物会通过各种途径进入土壤——植物系统，这些污染物如果长期积累且得不到净化，会严重破坏生态环境，危及人类和动植物的生存。而土壤本身是一个很好的净化器，对各种污染物会产生过滤、稀释等物理效应，同时伴随着土壤中微生物和植物生命活动产生的化学、生化反应，对各种污染物形成净化、代谢作用。但土壤的这种净化能力是有限的，同时还可能衍生出新的次生污染物再向环境输出，从而影响整个农业生态环境的质量，或者通过食物链危害动物和人类健康。因此，需要正确评价和利用土壤有限的净化能力，保护农业生态平衡，才能更好地促进农业生产发展，造福于人类。

第二节　农业自然资源的开发利用

一、农业自然资源开发利用的内涵与原则

（一）农业自然资源开发利用的含义

农业自然资源的开发利用是指对各种农业自然资源进行合理开发、利用、保护、治理和管理，以达到最大综合利用效果的行为活动。农业自然资源是形成农产品和农业生产力

的基本组成部分，也是发展农业生产、创造社会财富的要素和源泉。因此，充分合理地开发和利用农业自然资源，是保护人类生存环境、改善人类生活条件的需要，也是农业扩大再生产最重要的途径，是一个综合性和基础性的农业投入和经营的过程，是一个涉及面非常广泛的系统工程。

（二）农业自然资源开发利用的内容

1. 土地资源的开发利用

土地资源对农业生产有着极其重要的意义，现有大多数农业生产是以土地肥力为基础的，因而土地资源是农业自然资源最重要的组成部分，对土地资源的合理开发利用是农业自然资源开发利用的核心。对土地资源的开发利用包括耕地开发利用和非耕地开发利用两个方面。

2. 气候资源的开发利用

气候资源的开发利用包括以光、热、水、气等四大自然要素为主的气候资源的合理利用。当前的农业生产仍离不开对气候条件的依赖，特别是在农业投入低下、土地等其他资源相对短缺的条件下，更应该充分利用太阳能、培育优良新品种、改革耕作制度，提高种植业对光能的利用效率，加强对气候资源的充分合理利用。

3. 水资源的开发利用

水资源主要包括地表水和地下水等淡水资源，是农业生产中的重要因素，尤其是各种生物资源生存生长的必备条件。对水资源进行合理的开发利用，关键是要开源节流，协调需水量与供水量，估算不同时期、不同区域的需水量、缺水量和缺水程度，安排好灌排规划并组织实施。

4. 生物资源的开发利用

生物资源包括森林、草原、野生动植物和各种物种资源等，是大多数农产品的直接来源，也是农业生产的主要手段和目标。对生物资源的开发利用，应该在合理利用现存储量的同时注意加强保护，使生物资源能够较快地增殖、繁衍，以保证增加储量，实现永续利用。

（三）农业自然资源开发利用的原则

在农业自然资源的开发利用过程中应遵循以下原则。

1. 经济效益、社会效益和生态效益相结合的原则

农业自然资源被开发利用的过程，也是整个经济系统、社会系统和生态系统相结合的

过程。因此，在开发利用农业自然资源的过程中，既要注重比较直观的经济效益，更要考虑社会效益和生态效益，协调三者之间的关系，从而做到当前利益与长远利益相结合，局部利益和整体利益相结合。

2. 合理开发、充分利用与保护相结合的原则

合理开发、充分利用农业自然资源是为了发展农业生产，保护农业自然资源是为了更好地利用和永续利用，两者之间并没有根本的对立。人类对自然界中的各种资源开发利用的过程中，必须遵循客观规律，各种农业自然资源的开发利用都存在量的问题，超过一定的量就会破坏自然资源利用与再生增殖及补给之间的平衡关系，进而破坏生态平衡，造成环境恶化。如对森林的乱砍滥伐、草原超载放牧、水面过度捕捞等都会使农业自然资源遭到破坏，资源量锐减，出现资源短缺乃至枯竭，导致生态平衡失调，引起自然灾害，农业生产系统产出量下降。因此，在开发利用农业自然资源的同时，要注重对农业自然资源的保护，用养结合。

3. 合理投入和适度、节约利用的原则

对农业自然资源的合理投入和适度、节约利用，是生态平衡及生态系统进化的客观要求。整个农业自然资源是一个大的生态系统，各种资源本身及其相互之间都有一定的结构，保持着物质循环和能量转换的生态平衡。要保持农业自然资源的合理结构，就要使各种资源的构成及其比例适当，确定资源投入和输出的最适量及资源更新临界点的数量界限，保证自然资源生态系统的平衡和良性进化。

4. 多目标开发、综合利用的原则

这是由农业自然资源自身的特性决定的，也是现代农业生产中开发利用自然资源的必然途径。现代化农业生产水平的高度发达，使得农业自然资源的多目标开发、综合利用在技术上具有可行性。因此，要进行全面、合理地规划，从国民经济总体利益出发，依法有计划、有组织地进行多目标开发与综合利用，坚决杜绝滥采、滥捕、滥伐，以期获得最大的经济效益、社会效益和生态效益。

5. 因地制宜的原则

因地制宜就是根据不同地区农业自然资源的性质和特点，即农业自然资源的生态特性和地域特征，结合社会经济条件评价其对农业生产的有利因素和不利因素，分析研究其利用方向，发挥地区优势，扬长避短、趋利避害，把丰富多样的农业自然资源转换成现实生产力，促进经济发展。

二、农业自然资源的开发利用管理

农业自然资源的开发利用管理，就是要采用经济、法律、行政及技术手段，对人们开发利用农业自然资源的行为进行指导、调整、控制与监督。

（一）合理开发利用农业自然资源的意义

1. 合理开发和利用农业自然资源是农业现代化的必由之路

农业自然资源是农产品的主要来源和农业生产力的重要组成部分，也是提高农业产量和增加社会财富的重要因素。在社会发展时期，受生产力发展水平的影响，农业自然资源的开发和利用也受到相应的制约。在社会生产力较低时，人们对农业自然资源是被动有限地利用，不可能做到合理的开发利用。随着社会生产力的提高，特别是现代科学技术的研究应用，人们已经能够在很大程度上合理地开发利用农业自然资源来发展农业生产，不断提高农业的集约化经营水平和综合生产能力。我国目前面临着农业自然资源供给有限和需求增长的矛盾，而充分挖掘和合理开发利用农业自然资源，提高农业劳动生产效率，创造较高的农业生产水平，是解决这一矛盾的主要手段，也是实现我国农业现代化的必由之路。

2. 合理开发和利用农业自然资源是解决人口增长与人均资源不断减少这一矛盾的途径之一

当前，世界各国都不同程度地存在着人均资源日益减少、相对稀缺的问题，针对这一问题，除了继续控制人口的增长之外，合理地开发利用农业自然资源，提高农业自然资源的单位产出效率，使有限的农业自然资源得到最大的利用，是解决这一矛盾最有效的途径。在这方面，一些发达国家积累了丰富经验，如以色列等国家在人均自然资源贫乏的条件下，充分利用现代科技，创造了高产高效农业的典范。我国应该学习和借鉴这些经验，充分合理地利用我国的农业自然资源，使上述矛盾得以缓解。

3. 合理开发和利用农业自然资源是保护资源、改善生态环境的客观要求

农业自然资源的开发利用不合理，会导致资源的浪费和衰退。同时，工业"三废"的大量排放和农业生产过程中化肥农药的过量使用，以及对农业自然资源的掠夺式开发利用等，还会使生态环境受到严重的污染和破坏，既影响了农作物的生长和农业生产的发展，也危及人类和动物的健康。目前，我国以及世界很多国家和地区，自然资源的过度开发和

生态环境的恶化都已十分严重，已经危及人类的健康和生存。因此，在农业自然资源的开发利用过程中，不能只看眼前的、局部的利益，而应该做长远的、全面的考虑，把发展农业生产和保护资源、维护生态环境结合起来。只有对农业自然资源合理地开发利用，形成农业生产和环境保护的良性循环，才能实现这一目标。

（二）农业自然资源开发利用管理的目标

1. 总体目标

农业自然资源的开发利用管理，总体目标是保障国家的持续发展，这一总体目标也规定了农业自然资源开发利用管理的近期目标和长远目标。其中，近期目标是通过合理开发和有效利用各种农业自然资源，满足我国当前的经济和社会发展对农产品的物质需求。长远目标则是在开发和利用农业自然资源的同时，保护农业自然资源生态系统，或者在一定程度上改善这一系统，以保证对农业自然资源的持续利用。

2. 环境目标

自然资源的开发利用是影响环境质量的根本原因，而农业自然资源包括的土地、气候、水和生物资源是人类赖以生存的自然资源的基本组成要素，因此加强对农业自然资源开发利用的管理，如控制土地资源开发所造成的土地污染、水资源开发中的水环境控制等，就是农业自然资源开发利用管理的环境目标。

3. 防灾、减灾目标

这里的灾害是指对农业生产活动造成严重损失的水灾、旱灾、雪灾等自然灾害。在农业自然资源开发利用过程中，通过加强对自然灾害的预测、监测和防治等方面的管理，可以使自然灾害造成的损失降到最低程度，对于人类开发利用农业自然资源可能诱发的灾害，应当在农业自然资源开发利用的项目评价中予以明确，并提出有效的防治措施。

4. 组织目标

国家对农业自然资源开发利用的管理是通过各层次的资源管理行政组织实现的，国家级农业资源管理机构的自身建设和对下级管理机构的有效管理是实现农业自然资源开发利用管理目标的组织保证。同时，保证资源管理职能有效实施的资源管理执法组织的建设和健全也是农业自然资源管理组织目标的重要内容。另外，农业自然资源开发利用管理的组织目标还包括各类农业自然资源管理机构之间的有效协调。

（三）农业自然资源开发利用管理的政策措施

1. 建立合理高效的农业生态系统结构

农业生态系统结构的合理与否直接影响着农业自然资源的利用效率，土地资源、气候资源、水资源以及生物资源能否得到合理的开发利用，与农业生态系统结构密切相关。因此，加强农业自然资源开发利用管理的首要任务是要建立起有利于农业自然资源合理配置与高效利用，有利于促进农、林、牧、渔良性循环与协调发展，有利于改善农业生态平衡，有利于提高农业经济效益、社会效益和生态效益的农业生态系统结构。

2. 优化农业自然资源的开发利用方式

我国从20世纪70年代起，为加强农业自然资源的保护、促进其合理开发利用，制定了一系列的法律法规，对加强农业自然资源的保护和开发利用管理发挥了积极作用。但是，由于我国长期实施数量扩张型工业化战略和按行政方式无偿或低价配置农业自然资源的经济体制，导致我国农业自然资源供给短缺和过度消耗并存的局面十分严峻。因此，优化农业自然资源的开发利用方式，推行循环利用农业自然资源的技术路线和集约型发展方式，改变目前粗放型的农业自然资源开发利用方式，是加强农业自然资源管理、提高资源利用效率的根本途径。具体而言，就是要把节地、节水、节能列为重大国策，制定有利于节约资源的产业政策，刺激经济由资源密集型结构向知识密集型结构转变，逐渐消除变相鼓励资源消耗的经济政策，把资源利用效率作为制订计划、投资决策的重要准则和指标，对关系国计民生的农业自然资源建立特殊的保护制度等。

3. 建立完善农业自然资源的产权制度，培育农业自然资源市场体系

农业自然资源是重要的生产要素，树立农业自然资源的资产观念，建立和完善资产管理制度，强化和明确农业自然资源所有权，实现农业自然资源的有偿占有和使用，是改善农业自然资源开发利用和实现可持续发展的保证。在建立和完善农业自然资源产权制度的过程中，要逐步调整行政性农业自然资源配置体系，理顺农业自然资源及其产品价格，培育市场体系，消除农业自然资源开发利用过度的经济根源，有效抑制乃至消除滥用和浪费资源的不良现象。

4. 建立农业自然资源核算制度，制定农业自然资源开发利用规划

农业自然资源核算是指对农业自然资源的存量、流量以及农业自然资源的财富价值进行科学的计量，将其纳入国民经济核算体系，以正确地计量国民总财富、经济总产值及其增长情况以及农业自然资源的消长对经济发展的影响。通过对农业自然资源进行核算，并根据全国农业自然资源的总量及其在时间和空间上的分布以及各地区的科学技术水平、资源利用的能力和效率，制定合理有效的农业自然资源开发利用规划，实现各地区资源禀赋和开发利用的优势互补、协同发展，获得全局的最大效益。

5. 发展农业自然资源产业，补偿农业自然资源消耗

我国在农业自然资源开发利用方面，普遍存在积累投入过低、补偿不足的问题，导致农业自然资源增殖缓慢、供给不足。为了增加农业自然资源的供给，必须发展从事农业自然资源再生产的行业，逐步建立正常的农业自然资源生产增殖和更新积累的经济补偿机制，并把农业自然资源再生产纳入国民经济发展规划。

第三节　农业土地资源的利用与管理

一、农业土地资源管理的概念和基本原则

（一）因地制宜的原则

这是合理开发利用土地的基本原则，指从各地区的光、热、水、土、生物、劳动力、资金等生产资料的具体条件、农业生产发展的特点和现有基础的实际出发，根据市场和国民经济需要等具体情况，科学合理地安排农业生产布局和农产品的品种结构，以获得最大的经济效益和保持良好的生态环境。我国的土地资源类型多样，地域分布不平衡，各地区的资源条件以及社会、经济、技术条件差别很大，生产力发展水平也有较大差距。因此，对土地资源的利用管理要从各地区实际情况出发，合理地组织农业生产经营活动。具体而言，就是要选择适合各地域土地特点的农业生产项目、耕作制度、组织方式和农业技术手段等，进行科学的管理和经营，充分利用自然条件和资源，扬长避短、发挥优势，最大限度地发挥土地资源的生产潜力，提高土地资源的利用率和生产率，从而实现对土地资源的最优化利用。这既是自然规律和经济规律的客观要求，也是实现农业生产和国民经济又快又好发展的有效手段。

（二）经济有效的原则

土地资源的开发利用是一种经济活动，经济活动的内在要求就是要取得最大化的经济

效益。在农业生产经营过程中，土地资源的使用具有多样性，因而土地资源的利用效益也具有多样性。在同一区域内，一定面积的土地上可以有多种农业生产方案，每一种生产方案由于生产成本的不同和产品种类、数量、质量以及价格的不同，所取得的经济效益也各不相同。因此，在农业生产经营活动中，要根据各地区的具体情况，选择合理的农业生产项目和生产方案，以期取得最大的经济效益和最佳的土地利用效果。同时，还要随着时间的推移、各种条件的变化对农业生产方案做出适时的调整，不断保持土地资源利用效果的最优化和经济效益的最大化。因此，要从综合效益的角度出发，发掘土地资源的潜力，科学安排土地的利用方式，提高农业土地生产率，以便在经济上取得实效。

（三）生态效益的原则

这是由人类的长远利益和农业可持续发展的客观要求所决定的。农业生产的对象主要是有生命的动植物，而动植物之所以能够在自然界中生存繁衍，是因为自然界为它们提供了生存发展所必需的能量物质和适宜的环境条件，这些自然条件的变化会引起物种的起源和灭绝。在农业生产中，由于人们往往只顾及眼前利益，为了更多地获取经济效益而破坏生态环境的情况十分常见，致使生态系统失去平衡，各种资源遭到破坏，给人类社会带来了巨大灾难，也使农业生产和经济发展受到严重制约。因此，在农业生产过程中，务必树立维护生态平衡的长远观点和全局观点。对土地资源的利用管理也应该坚持这一原则，力求做到经济效益、社会效益和生态效益的有机统一，使各类土地资源的利用在时间上和空间上与生态平衡的要求相一致，以保障土地资源的可持续利用。

（四）节约用地的原则

这是土地作为一种稀有资源对人们的生产活动提出的客观要求。土地资源是农业生产中不可替代的基本生产资料，也是一种特别珍贵的稀有资源。我国的土地资源总量虽然相对丰富，但人均土地资源占有量很少，人多地少的矛盾十分突出。与此同时，我国土地资源利用粗放，新增非农用地规模过度扩张，加之我国人口还将继续增长，生活用地和经济建设占用农业土地资源的情况不可避免。此外，污染和环境恶化对土地的破坏以及用地结构不合理进一步加剧了土地供需的矛盾，因此在当前和今后的很长时期内，都必须加强土地资源管理，严格控制对农业用地的占用，所有建设项目都要精打细算，节约用地，合理规划土地资源的使用，使土地资源发挥应有的功能作用。

（五）有偿使用的原则

土地资源是一种十分稀缺的农业自然资源，也是一种具有价值和使用价值的生产要素。在市场经济条件下，土地资源的利用也应该遵循价值规律，要对土地进行定价和有偿使用，通过"看不见的手"来实现土地资源的优化配置。只有对土地资源实行有偿使用，才能在经济上明确和体现土地的产权关系，促使用地单位珍惜和合理使用土地资源，确保因地制宜、经济有效、生态效益和节约用地等上述四项原则的贯彻落实。

二、提高农业土地利用率的基本途径

（一）保护和扩大农业用地，努力提高土地资源的利用率

土地资源利用率是反映土地利用程度的指标，指一个地区或一个农业单位已利用的土地面积占土地总面积的比例。在不影响水土保持、不破坏生态环境的前提下，应该尽量开发土地资源，提高土地资源的利用率。衡量农业土地资源利用率的主要指标有土地利用率、垦殖指数、复种指数等，其计算公式如下：

$$土地利用率 = 已开发利用的土地面积 / 国土总面积 \times 100\%$$

$$垦殖指数 = 耕地面积 / 土地总面积 \times 100\%$$

$$复种指数 = 总播种面积 / 耕地面积 \times 100\%$$

要提高农业土地资源的利用率，其途径主要有以下几种。

1. 开垦荒地，扩大耕地面积

在荒地开垦过程中要尊重客观规律，在注意农业生态平衡和讲求经济效益的同时，处理好垦荒与种好原有耕地的关系。

2. 保护土地，节约用地

保护土地是指要防止乱砍滥伐、毁林开荒、毁草种粮、过度放牧以及粗放式经营等原因造成的水土流失、风沙侵蚀、土地破坏，保持良好的土壤结构和理化性状，保证土壤肥力不断提高，维持农业生态系统的良性循环。

3. 扩大林地面积，提高森林覆盖率

森林具有调节气候、涵养水源、保持水土、防风固沙等效能，还能够减少空气污染、净化美化环境。目前，我国森林覆盖率只有14%左右，处于较低水平，导致我国农业自然灾害频繁发生。另外，发展林业还可以为国家建设和人民生活提供大量的木材和林副产

品，为农业生产提供燃料、肥料、饲料等。

4. 合理开发利用草地资源

草地资源包括草原、草坡和草山，利用各种草地发展畜牧业，能以较少的投入获得大量畜产品，是经济合理利用土地资源的有效方式。同时，合理开发利用草地资源，做好草地建设，还能够调节气候、保水固沙，建立良好的生态系统。

5. 合理开发利用水域资源

我国淡水可养殖面积的利用率约为 65%，海水可养殖面积的利用率约为 16%，均处于较低水平，还有很大的开发利用潜力。因此，对于水域资源的利用，应该将捕捞和养殖相结合，努力提高水域资源的利用率。

（二）实行土地集约化经营，不断提高农业土地资源的生产率

在农业生产发展过程中，对土地的利用有粗放型经营和集约化经营两种模式。粗放型经营是指在技术水平较低的条件下，在一定面积的土地上投入较少的生产资料和劳动，进行粗耕粗做、广种薄收，主要靠扩大土地耕作面积来增加农产品产量和农民收入的一种农业经营方式。集约化经营是指在一定面积的土地上投入较多的生产资料和活劳动，应用先进的农业技术装备和技术措施，进行精耕细作，主要靠提高土地生产率来增加农产品产量和农民收入的一种农业经营方式。农业生产经营向集约化方向发展，是由土地面积的有限性和土壤肥力可以不断提高的特性决定的，也是农业生产发展的必然趋势。

衡量土地集约化经营水平的主要标志是农业土地生产率。农业土地生产率是指在一定时期（通常为一年）内，单位面积的土地生产的农产品数量或产值。单位面积的土地上生产的农产品越多或产值越高，农业土地资源的生产率就越高。一般来说，农业土地生产率可以按耕地面积和播种面积分别计算，即：

$$耕地面积生产率 = 农作物总产量（产值）/耕地面积 \times 100\%$$
$$播种面积生产率 = 农作物总产量（产值）/播种面积 \times 100\%$$

农业土地生产率主要受自然条件、农业科学技术水平、生产资料的数量和质量、劳动的数量和质量等因素的制约。要提高农业土地的生产率，必须不断改善农业生产条件，增加农业科技投入，实行精耕细作，保护和提高土壤肥力，把已经用于农业生产的土地资源利用好，即提高土地集约化经营的水平。

要提高土地的集约化经营水平，必须调整优化农业生产结构和农作物种植布局，发展适应性强、效益高的农业生产项目。因此，需要增加农业资金投入，提高农业技术装备水

平，改善农业生产条件；实施科教兴农战略，广泛应用现代农业科学技术，提高农业生产的机械化、科学化水平；扩大耕地复种面积，提高复种指数；做好农业经营管理，提高农业的整体素质，使农业土地资源生产率的提高脱离传统生产方式的束缚，提升农业生产的发展模式。

在增加农业生产投入，提高土地集约化经营水平的过程中，要注意追加投资适合度，尊重土地报酬递减规律。追加投资适合度是指在一定科学技术水平条件下，追加的投资和增加的产量、产值之间有合理的限度。在技术条件不变的情况下，农业增加投资也是有限度的，超过了这个限度，增加的农业投资不但不会带来农产品产量的增加，反而可能导致产量、产值的减少。在一定面积的土地上，追加投资的最大限度应该是边际收益与边际成本相等的点。在达到这一点之前追加投资，会使土地继续增产增收，集约化水平提高；超过这个点继续追加投资，便会出现增产减收，甚至减产减收，土地经营的集约化水平下降。因此，当对单位面积土地投资的增加额与递减的土地报酬相等时，追加投资达到最大限度，土地产出最大化，在既定技术条件下的土地集约化经营达到最高水平。

（三）促进农业土地合理流转，提高农业土地资源的使用效率

农业土地作为一种生产要素，只有进行合理流转，才能实现合理配置和高效利用，才能真正体现土地资源作为生产要素的性质。随着我国农村改革的不断深入和农业的商品化、产业化，农村非农产业发展迅速，土地资源已经不再是农民唯一的谋生手段。农村劳动力的跨部门、跨行业、跨地区转移使原来按农村户籍人口平均分配和承包土地的做法遇到了新的挑战。因此，我国现有的农业土地政策必须适应形势的变化，做出相应的调整，以使愿意从事其他非农产业的农民能够离开土地、顺利转移出去，使愿意继续耕种土地的农民能够发挥特长，获得更大面积的土地进行规模化生产经营，提高农业生产的现代化、产业化水平。

农村土地流转是比较复杂的问题，目前理论界对其概念的理解和界定也不尽相同，一般认为：农村土地流转是指在农村土地所有权归属和农业用地性质不变的情况下，土地承包者将其土地承包经营权转移给其他农户或经营者的行为，其实质就是农村土地承包经营权的流转。农村土地流转是促进农业规模化和产业化经营、提高农业土地资源使用效率的重要渠道，要实现农村土地的合理流转，需要做好以下几个方面。

1. 提高对农村土地流转工作的认识，加强管理

农村土地流转是农村经济发展的必然结果，也是农村劳动力转移的客观要求。各级政

府应该充分认识农村土地流转工作的重要性，做到在思想上重视、措施上可行、落实上到位，要以有利于农业生产要素合理流动、有利于促进农业结构调整、有利于增加农民收入为根本出发点，加强对农村土地流转工作的指导与管理，建立有效的管理体制和运行机制，维护农村土地流转的正常秩序和各利益方的合法权益。

2. 依法流转，规范秩序

要完善以实现土地承包经营权的财产权为主体的农村土地制度，建立"归属清晰、权责明确、保护严格、流转流畅"的现代土地产权制度，促进农户土地承包经营权与财产权的统一。

3. 积极培育农村土地流转市场机制

我国土地资源紧缺，要妥善解决土地经营的公平和效益问题，必须培育土地流转的市场机制，从制度上保障农业生产要素的优化组合，实现农业土地资源的优化配置和高效利用。因此，建立农村土地流转的市场化运作机制是农村土地制度改革的必然趋势，而建立健全中介服务组织是促进农村土地流转市场化的重要环节。中介服务组织主要负责农村土地流转的管理及中介，协调处理各利益方之间的关系，做好土地流转过程中的服务工作，在农村土地资源的供给主体和需求主体之间起到媒介和桥梁作用。

4. 建立保障机制，促进农村土地合理流转

在农村土地流转过程中，必然会有大量的农民离开土地，放弃传统的农业生产和生活模式，一旦不能找到新的工作机会，这些失地农民将没有收入来源，生活失去保障，成为农村土地流转进程中的不稳定因素。因此，要保证农村土地合理流转的顺利进行，必须建立健全可靠的农村社会保障机制，特别是失地农民的社会保障机制，积极探索农村医疗保障和最低生活保障机制，解决农民的后顾之忧，从根本上消除农民的"恋土"情结和对土地的依赖，促进农村土地的合理流转。

5. 加强科技培训，提高农民素质

在农业生产规模化、产业化的进程中，需要一大批了解市场经济规律、掌握农业科学技术、擅长农业经营管理的农民科技人才，为土地合理流转之后的农业现代化经营提供技术和人才支持。因此，必须加强对农民的科技培训，提高农民的综合素质和科学素养，拓宽农民择业渠道，特别是使农民能够脱离土地、实现跨行业转移和身份转变，使农村剩余劳动力得到有效转移，为农村土地的合理流转铺平道路，不断提高土地资源的配置效率，增加农民的经济收入。

三、农业土地资源的保护和开发利用管理

农业土地资源的保护和利用管理是一项十分复杂的工作，涉及面广、层次复杂，管理起来问题多、困难大、任务重，必须要建立合理的农业土地资源管理体制和运行机制，使土地资源的保护和利用管理走上科学化、法制化的道路，实施更加规范有效的管理。

（一）坚持土地用途管制制度，严格控制耕地的转用

对土地用途实施管制，是解决我国经济快速发展时期土地利用和耕地保护等问题的一条有效途径，其目的是要严格按照土地利用总体规划确定的用途来使用土地。在具体工作中，应坚持以下几点：

第一，依据土地利用总体规划制订年度耕地转用计划，并依据规划、计划进行土地的供给制约和需求引导。

第二，严格耕地转用审批。要依法提高耕地转用审批权限，加大国家和省两级的审批管理力度，对不符合土地利用规划、计划的建设用地一律不予批准。

第三，对依法批准占用的耕地要严格执行"占一补一"的规定，即依法批准占用基本农田之后，必须进行同等数量的基本农田补偿。补偿和占用的耕地不仅要在数量上相等，而且要在质量上相当，以确保农业生产水平不会因为耕地的变化而受到影响。

（二）严格划定基本农田保护区

实行基本农田保护制度是保护我国稀缺的耕地资源的迫切需要。在实际工作中，需要加强的是保护工作力度，要真正将规定的基本农田实实在在地保护起来，而不仅仅是停留在政策宣传上。因此，必须反复重申、坚决贯彻合理开发利用土地资源和切实保护耕地的基本国策。

（三）以土地整理为重点，建立健全耕地补充制度

1. 必须坚持积极推进土地整理，适度开发土地后备资源的方针政策

我国后备土地资源的潜力在于土地整理，今后补充耕地的方式也要依靠土地整理，开展土地整理，有利于增加耕地面积，提高耕地质量，同时也有利于改善农村生产和生活环境。

2. 国家必须建立耕地补充的资金保障

土地整理是对田、水、路、林、村进行的综合整治，需要投入大量资金。为此，一方面要征收新增建设用地的土地有偿使用费，并以此作为主要资金来源，建立土地开发整理补充耕地的专项基金，专款专用，长期坚持；另一方面有必要制定共同的资金投入政策，将土地整理与农田水利、中低产田改造、农田林网建设、小城镇建设、村庄改造等有机结合起来，依靠各部门共同投入，产生综合效益。

（四）建立利益调控机制，控制耕地占用

控制新增建设用地、挖潜利用存量土地，是我国土地利用的根本方向。在市场经济条件下，除了运用行政、法律手段对土地资源的利用进行管理之外，还应该更多地利用经济手段，调控土地资源利用过程中的利益关系，形成占用耕地的自我约束机制。从当前来看，应该主要采取以下措施。

1. 在土地资源有偿使用的收入方面调控利益关系，控制增量，鼓励利用存量建设用地

一方面，凡是新增建设用地的有偿使用费应依法上交省级和中央财政，从动因与根本上抑制基层地方政府多征地、多卖地等行为；另一方面，利用存量建设用地的土地有偿使用费全部留给基层地方政府，鼓励各基层地方政府盘活利用存量的建设用地，在提高土地资源利用效率的同时增加财政收入。

2. 在有关土地税费方面进行调控，控制建设用地增量，挖潜存量

具体来说，应做到以下几点：一是提高征地成本；二是调整耕地占用税，提高用地成本；三是降低取得存量土地的费用，从而降低闲置土地的转移成本，鼓励土地流转；四是开设闲置土地税，限制闲置土地行为，促进闲置土地的盘活利用。

（五）明晰农村土地产权关系，建立农民自觉保护土地的自我约束机制

长期以来，我国在农业土地资源保护的综合管理措施方面不断加强，但广大农民群众维护自身的土地权益、依靠农村集体土地所有者保护农业土地资源的机制尚未形成。为了进一步做好对我国农业土地资源的保护工作，除了继续加强行政手段、法律手段和经济手段等方面的综合管理以外，还必须调动广大农民群众积极维护自身权益，形成农民自觉保护耕地的自我约束机制。对此，应当深入研究农村集体土地产权问题，围绕农村集体土

产权的管理，制定切实可行的法律规定，明晰相关的权利和义务，以使我国农业土地资源保护和利用管理走上依法管理、行政监督、农民自觉保护的道路。

农业自然资源是指存在于自然界中，在一定的生产力水平和经济条件下，能够被人类利用于农业生产的各种物质、能量和环境条件的总称。农业自然资源具有整体性、地域性、可更新性、可培育性、有限性、不可替代性等特征。根据不同的分类标准，可以对农业自然资源进行分类。

农业自然资源的开发利用是指对各种农业自然资源进行合理开发、利用、保护、治理和管理，以达到最大综合利用效果的行为活动，在农业自然资源的开发利用过程中应遵循原则。农业自然资源的开发利用管理，就是要采用经济、法律、行政及技术手段，对人们开发利用农业自然资源的行为进行指导、调整、控制与监督。合理开发利用农业自然资源具有重要意义。

农业土地资源是农业自然资源的重要组成部分，包括耕地资源、林地资源、草场资源、沼泽、水面及滩涂资源等。农业土地资源的经济特征包括：土地面积的有限性；土地位置的固定性；土地使用的永续性和土壤肥力的无限性；土地功能的不可替代性和利用形式变更的困难性；土地报酬的递减性。土地资源在农业生产中发挥着至关重要的作用。加强对农业土地资源的管理，实现对土地资源的合理开发利用，要遵循一些基本原则，通过一些基本途径，采取一些基本措施，提高农业土地利用率。

# 第七章 农业劳动力资源与管理

第一节　农业劳动力资源概述

一、农业劳动力资源的内涵

农业劳动力资源是指能够直接或间接参加和从事农业生产劳动的劳动力数量和质量的总和。我国规定，农村中男性 16~59 岁、女性 16~54 岁，具有正常的生产劳动能力的人为农业劳动力。但从我国农业生产的实际情况来看，许多从事农业生产劳动的农民已经超过了这个年龄范围，因此应该从农业生产的实际情况出发来界定其范围。农业劳动力资源包括数量和质量两个方面。

1. 农业劳动力资源的数量

农业劳动力资源的数量是指农村中已经达到劳动年龄和虽未达到或已经超过劳动年龄但仍实际参加农业生产劳动的人数。农业劳动力资源的数量主要由两个基本因素决定，即自然因素和社会因素。其中，自然因素由自然规律决定，包括农业人口的自然增长率、达到或超过劳动年龄的人数以及原有劳动力的自然减员，是引起劳动力资源数量变动的主要因素。社会因素主要包括经济社会发展程度、国家所采取的人口政策与措施、劳动力资源在各产业部分的分配比例以及农村福利政策等。

2. 农业劳动力资源的质量

农业劳动力资源的质量是指劳动者的身体素质和智力水平，其中前者主要指劳动者的体力强弱，后者包括劳动者的科学文化水平、劳动技术水平、生产熟练程度等因素。农业劳动力资源的质量变化，主要受农村教育发展和智力开发、农村医疗卫生条件以及农业现代化水平等因素的影响。在传统农业生产条件下，农业劳动者身体素质是衡量农业劳动力资源质量的主要因素。随着农业生产力的发展，农业生产转向以机械操作为主，农业科技

推广应用迅速发展，科技水平不断提高，农业劳动者智力水平逐渐成为衡量农业劳动力资源质量的重要指标。

二、农业劳动力资源的特征

劳动力资源是农业生产的重要资源之一，与土地资源、水资源等农业自然资源和农业生产资金相比，具有以下特征。

（一）农业劳动力资源的可再生性

由于人类的繁衍、进化，劳动力资源在人类的新老生死交替中不断得到补充，使人类改造自然的活动不断延续下去。因此，从整体上看，农业劳动力资源是一种永续性资源，只要使用得当，可以不断地得到恢复和补充。这一特点决定了农业劳动力资源开发的连续性，一代人改造自然的过程直接影响着下一代人甚至几代人。这就要求在开发和利用劳动力资源的过程中，必须有长远的统筹安排，把提高农业劳动力资源的整体素质和发展农业生产力紧密结合在一起，保证农业再生产的顺利进行。

（二）农业劳动力资源需求的季节性

农业生产受自然条件的影响较大，有明显的季节性，导致农业劳动力资源需求的季节性差异十分明显。不同季节的农业劳动项目、劳动量、劳动紧张程度存在很大差异，农忙时需要大量的劳动力，农闲时则会出现劳动力相对过剩和闲置。而劳动力资源的服务能力（即劳动能力）无法储藏，在某一时期不予以利用，就会自行消失，不能存贮待用。这就要求农业生产实行专业化生产和多种经营相结合，对农业劳动力资源合理安排、有效利用。

（三）劳动力素质的差异性

劳动力素质的差异性主要表现为农业劳动者的健康状况、文化知识水平和劳动技术熟练程度等方面的内在差异，它是由社会经济条件和劳动者的主观能动性所决定的。农业劳动者素质水平的高低，不仅影响到农业生产工作完成的质量与效率，而且还会影响农业生产中某些复杂工种的执行能力。农业劳动者素质的提高，需要有发达的社会经济条件作为物质基础。

（四）　农业劳动力资源的主体能动性

农业劳动力资源的主体能动性，是由人类本身的特性决定的。劳动者具有意识，并能够利用这种意识去影响客观世界，改变人类改造世界的进程，这种主体能动性是人类社会进化和发展的动力。同样，农业劳动力资源对推动农业生产力的发展起着决定性的作用，农业生产中其他资源的开发利用状况，在很大程度上取决于农业劳动力资源的开发状况。因此，在开发利用农业劳动力资源的过程中，必须充分发挥劳动者的特长，使其主体能动性得到充分发挥。

（五）　农业劳动力资源构成要素的两重性

农业劳动力资源作为农业生产的主体，一方面，作为农业生产中具有决定意义的要素，开发利用得当可以迸发出无限的创造力，通过农业劳动创造社会财富；另一方面，劳动者又是消费者，需要不断地消耗资源。因此，如果农业劳动力资源得不到合理利用，不能与农业生产资料有效结合，不仅其创造力得不到发挥，而且会成为经济增长的负担，甚至会成为社会的不稳定因素，影响社会的安宁。

三、农业劳动力资源的供给与需求

我国农业劳动力资源数量规模大、增长速度快，同时耕地面积逐年减少，人多地少的矛盾十分尖锐。因此，研究农业劳动力资源的供给与需求的特点、影响因素等，对于有效解决农业劳动力供求矛盾具有重要意义。

（一）　农业劳动力资源的供给

1. 农业劳动力资源供给的含义

农业劳动力资源的供给是指在一定时期内，在一定的农业劳动报酬水平下，可能提供的农业劳动力数量。现阶段，我国农业劳动力资源的供给数量包括已经从事农业生产的劳动力和可能从事农业生产的剩余劳动力。

2. 农业劳动力资源供给的特征

（1）农业劳动力资源供给的无限性

农业劳动力资源供给的无限性是指与农业劳动力需求相比，农业劳动力的供给处于绝对过剩状态。由于我国经济发展水平比较落后，人口再生产失控，农业人口总量大，从而造成农业劳动力资源的供给持续上升，形成无限供给的趋势。这种趋势是我国社会主义初级阶段农业市场经济发展的一个基本特征。

（2）农业劳动力资源供给的伸缩性

农业劳动力资源供给的伸缩性是指农业劳动力的供给数量受农产品价格等因素影响呈现的增减变化。主要表现是：当某种农产品价格高时，从事该农产品生产的劳动力迅速增加；反之，当某种农产品价格低时，从事该农产品生产的劳动力迅速减少；由此导致农业劳动力资源的供给数量变化的幅度较大。这种伸缩性是农业劳动力资源供给的一个重要特征，它一方面自发调节了农业劳动力资源的分配，另一方面也导致农业生产的不稳定，造成农业劳动力的浪费。

3. 影响农业劳动力资源供给的因素

（1）人口自然增长率

人口自然增长率是影响农业劳动力数量的重要因素，它直接影响了农业劳动力资源的供给。我国的人口自然增长率一直较高，加之人口基数大，人口的增长速度很快，有计划地控制人口规模，适度降低人口自然增长率仍是我国解决农业劳动力资源供求矛盾的关键。

（2）农业劳动报酬

在一定时期内，农业劳动力资源的供给数量是农业劳动报酬的递增函数，农业劳动报酬的高低直接影响着农业劳动力供给的数量。我国在实行家庭联产承包责任制之后，农业生产的分配形式发生了变化，农业劳动报酬主要体现为农民出售农产品的收入。因此，农产品的销售价格就成为影响农业劳动力供给的主要因素。当某种农产品销售价格高、生产者获利大，大量农业劳动力就会转入该生产领域，反之则会有很多农业劳动力退出该生产领域。我国农业劳动力资源规模较大，人均耕地面积较少，农业劳动力的绝对剩余和季节性剩余的数量较多，这些农业劳动力随时准备进入农业生产领域，同时我国农业生产效益相对较低，农民迫切要求开拓生产领域，提高收入水平。因此，利用宏观价格杠杆，以提高农业劳动报酬为导向，能够使农业生产向合理高效方向转化，促进农业劳动力资源的合理利用。

（3）农民的价值观

农民的价值观对农业劳动力资源供给的影响，主要表现在农民对闲暇及收入的偏好。由于我国农业生产力水平较低，农民整体收入水平不高，因而大部分地区的农民把辛勤劳动、增加收入作为价值观的主要内容。这是包括我国在内的发展中国家的共有现象，能够在很大程度上促进农民积极参加农业生产，增加农业劳动力资源供给。随着社会发展和经济水平的提高，农民的价值观也必然会随之发生变化，对农业劳动力资源的供给产生影响。因此，研究农民价值观的变化，对于合理利用农业劳动力资源也有一定意义。

除以上因素之外，随着我国进一步对外开放和融入世界经济，国际资源和国际市场的变化也会引起农业劳动力资源的供给和结构发生变化。

（二）农业劳动力资源的需求

1. 农业劳动力资源需求的含义

农业劳动力资源需求是指在一定时期内，在一定的农业劳动报酬水平下，农业生产需要的劳动力数量。它是在现有农业自然资源状况和生产力水平的条件下，为了保证经济发展和社会对农产品日益增长的需求，整个社会对农业劳动力资源数量和质量的整体需求。

2. 农业劳动力资源需求的特征

（1）农业劳动力资源需求的季节性

农业劳动力资源的需求受农业生产的季节性影响，需求数量呈明显的季节性变化。在农忙季节，农业劳动力需求数量很大，常常造成农业劳动力的不足；而在农闲季节，对农业劳动力需求的数量较小，又常常会形成季节性的农业劳动力剩余。因此，研究农业劳动力资源需求的季节性，对于合理利用农业劳动力，保证农业生产的顺利进行，具有重要意义。

（2）农业劳动力资源需求数量的递减性

农业劳动力资源需求的递减性是指随着农业生产力的发展，农业劳动力需求数量会逐渐下降。造成这种现象的原因主要有两个：一方面，农业生产可利用的自然资源数量有一定限制，可容纳的农业劳动力数量有限；另一方面，农业是生产人类消费必需品的部门，对每一个消费者来说，这类消费必需品的需求数量是随着人们生活水平的提高而逐渐下降的。另外，我国农业生产力水平较低，农业生产主要依靠大量的劳动力投入，随着我国农业生产力水平的提高，农业生产将更多地需要资金和技术投入，对农业劳动力的需求也会逐渐减少。因此，农业劳动力需求总体上呈下降趋势，这是世界农业发展过程中的普遍趋势，也是农业生产发展的客观规律。

3. 影响农业劳动力资源需求的因素

（1）土地资源条件

土地资源是农业生产的主要自然资源，其数量直接影响农业生产对劳动力的容纳程度，是影响农业劳动力需求的主要因素。从农业生产发展的进程来看，随着农业生产力的提高，土地资源对农业劳动力的容纳数量逐渐下降。尤其是我国这样人多地少的国家，农业上可开发的土地资源数量有限，容纳和增加农业劳动力需求的潜力较小。同时，我国很多地区农业土地经营粗放，土地生产率较低，要改变这一状况，需要加强农业基本建设，实行精耕细作，合理增加单位面积土地的农业劳动力投入，提高土地资源的生产率，这样就会增加对农业劳动力资源的需求。

（2）农业耕作制度

我国农业生产的地域差异较大，各地区的耕作制度也各不相同，而不同的耕作制度直接影响着农业劳动力的需求水平。因此，需要建立合理的农业耕作制度，适当增加土地复种指数，实行轮作制，特别是合理安排果蔬、园艺等劳动力密集型农产品的生产，增加对农业劳动力的需求。同时，建立合理的农业耕作制度客观上要求开展农业基础设施建设，增加长期性的农业劳动投入，这是增加农业劳动力需求、有效利用农业劳动力资源的重要途径。

（3）农业多种经营水平

广义上的农业生产包括传统的农业种植业和林、牧、副、渔等行业，除了农业种植业之外，农业中的其他行业也对农业劳动力资源有很大的需求。因此，充分利用农业土地资源多样性的特点，合理开发山地、草原、水面等农业自然资源，实行多种经营，既可以提高农民收入、增加农业产出，同时还可以增加对大农业中林、牧、副、渔等各业的农业劳动力投入，这对于提高农业生产力、促进农业劳动力的内部消化、合理利用农业劳动力资源具有十分重要的意义。

（4）农业生产项目

广义的农业是农林牧副渔各业全面发展、农工商综合经营的宏大部门，要求农业及与农业有关的各种生产项目协调发展。农业生产项目多，可以拓宽农民就业门路，增加对农业劳动力的需求数量。从我国农业的发展趋势来看，在农村大力发展乡镇企业，开拓新的农业生产项目，促进农业劳动力的转移，是我国农业发展的必然方向，也是增加农业劳动力资源需求的重要途径。

（5）农业机械化水平

农业机械化水平和农业劳动力资源的需求之间成反比关系，一个国家（或地区）的农业机械化水平越高，对农业劳动力的需求数量越少。因此，实现农业机械化的过程，也是农业劳动力需求逐渐下降的过程。我国农业劳动力资源丰富，人均耕地资源比较少，不可避免地会与农业机械化产生一些矛盾。因此，在我国实现农业机械化的过程中，要结合农村实际情况和农业生产需要，因地制宜，不能急于求成。要把实现农业机械化的过程与农业劳动力转移紧密结合起来，合理利用农业劳动力资源，调动农民的生产积极性，促进农业生产的发展。

第二节　农业劳动力资源现状与利用

一、农业劳动的特点

（一）农业劳动具有较强的季节性

农业劳动的主要对象是有生命的动植物，而它们有自身的生长发育规律并受自然条件的制约，导致其生产时间和农业劳动时间不一致，使得农业劳动具有明显的季节性。农忙时，需要大量的劳动力，突击进行农业劳动，以不误农事；农闲时，则农业劳动力大量闲置。因此，既要保证农忙季节对农业劳动力的需求，又要使农闲季节的农业劳动力有出路，才能达到合理利用农业劳动力的目的。

（二）农业劳动具有较大的分散性

由于农业生产的基本生产资料是土地，而土地需要在广阔的空间进行分布，因此农业劳动也是在广阔的地域中进行作业，劳动分散，人、畜、机械作业空间大。因此，农业劳动的组织要适合农业劳动分散性的特点，采取灵活多样的农业劳动协作形式，确定适宜的协作规模。

（三）农业劳动具有一定的连续性

一个完整的农业生产周期，是由许多间断的、但又相互联系的农业劳动过程组成的。每一个农业劳动的作业质量，不仅影响下一个农业劳动的作业质量，而且会影响农业生产的最终成果。因此，在组织农业劳动时，应该建立健全农业生产责任制，使劳动者既注重农业劳动的数量，又重视农业劳动的质量，关心农业劳动的最终成果。

（四）农业生产周期长，农业劳动效益具有不稳定性

农业劳动的主要对象（即各种动植物）的生产周期长，一般没有中间产品，要等到一个农业生产周期结束，才会有农业劳动成果。在这个过程中，农业生产不仅受人类生产活动的控制，而且还受到各种自然条件的影响。因此，农业劳动必须顺应自然条件和劳动对象的特点，在农业生产过程中灵活机动地做出决策，采取应变措施，保证农业劳动的效益水平。

（五）农业劳动的内容具有多样性

农业生产包括农、林、牧、副、渔等各业的生产，一般采取各不相同的作业方式和技术措施。即使同一生产部门，在不同生产阶段所采用的作业方式和技术措施也不相同，如种植业生产中的耕翻地、播种、施肥等，畜牧业的饲料配比、畜禽防疫等。因此，农业劳动的内容繁杂，形式多样，这就要求农业劳动者必须掌握多种技能，能够从事多种生产项目，进行多种农业劳动。

（六）农业劳动的艰苦性

农业劳动不同于工业劳动或服务业劳动，一般是在田间土地上进行作业，受自然环境影响较大，作业环境差，劳动条件艰苦，而且改善的难度较大。同时，农业劳动一般需要繁重的体力支出，劳动强度大。

充分认识上述农业劳动的特点，对于合理利用农业劳动力资源，提高农业劳动生产率，具有重要意义。

二、合理利用农业劳动力资源的原则

（一）因地制宜原则

我国地域辽阔，各地区农业生产的自然条件和经济条件差别很大，因而在组织农业劳动、进行农业生产管理时，应该允许多种多样的农业劳动组织及形式同时存在，不能只采用一种模式，搞整齐划一的"一刀切"。因此，各地区、各农业生产单位都要根据因地制宜的原则，确定符合本地区农业生产实际情况的农业劳动组织形式和管理制度。农业劳动组织形式和管理制度确定之后，要保持相对稳定，防止频繁变动，同时要随着农业生产力

的不断发展以及客观条件的不断变化，进行适当的调整，以促进农业生产的发展。

（二）经济效益原则

农业劳动力作为农业生产力的主导能动要素，在物质资料的生产中，还要坚持经济效益的原则。因此，必须科学地组织农业生产劳动，实行严格的生产责任制度，做好劳动定额和劳动计酬，努力提高农业劳动的工效；要根据农业生产的实际需要，有计划地分配和合理使用农业劳动力资源；要采取一切有效措施，努力节约劳动时间，提高劳动效率；对于剩余的农业劳动力要千方百计地寻求向农业的深度和广度拓展的途径。

（三）物质利益原则

在农业劳动力资源的利用过程中，要正确处理国家、集体、个人三者之间的物质利益关系。既要反对为了个人利益损害集体利益和国家利益，又要反对忽视农民个人利益的错误做法。具体而言，就是要认真贯彻按劳分配原则和物质奖励制度，要根据劳动者提供的劳动量分配个人消费品，根据劳动者提供的超额劳动进行物质奖励。同时，还应该加强对农业劳动者的思想教育工作，提高农业劳动者的思想觉悟，鼓励农业劳动者为国家利益和集体利益多做贡献研究和探讨对农业劳动力资源合理利用的原则，目的在于提高农业劳动力的利用水平和效率。

三、农民就业与农业剩余劳动力转移

（一）农民就业的概念

我国在新中国成立后相当长的一段时间内没有农民就业这一提法，农民也没有就业要求，至今在一些部门和地方的决策者看来，就业或失业是针对城镇居民而言的，与广大农民无关。传统的农民就业仅仅是指农业劳动者在其承包的责任田上从事农业生产经营活动，通过辛勤劳动、合法经营取得农业劳动成果，这是从农业劳动者是否参加农业生产经营活动来界定农民就业。由于我国广大农村地区富余劳动力数量众多，人均土地资源稀缺，农民隐性失业问题十分严重，所以完整的、科学的关于农民就业的概念应该排除隐性失业问题的影响，着重从农业劳动绩效、农民劳动满意度的角度来考察和衡量农民就业情况。

因此，科学的、严谨的农民就业的定义应该是指社会能够为农业劳动者提供充足的工作岗位，所有愿意就业的农业劳动力都能找到工作，并使他们与其他生产要素相互结合，通过辛勤劳动、合法经营获得基本生产、生活资料和必要的劳动满足，进而达到自我实现目的的过程。

（二）农业剩余劳动力及其形成原因

农业剩余劳动力是指在一定的物质技术条件下，农业劳动力的供给量大于生产一定数量的农产品所需要的农业劳动力的数量，即农业劳动力供给超过需求的那一部分，这部分农业劳动力投入农业生产的边际产量为零。农业剩余劳动力是一个相对的概念，可以从绝对剩余和相对剩余两个方面进行界定。绝对剩余是指在一定区域、一定时期、一定生产力水平下，农业劳动力的边际效益为零时，农业生产中供大于求的那部分农业劳动力资源。相对剩余是指在一定区域、一定时期、一定生产力水平下，农业劳动力的劳动生产率达到全国平均劳动生产率时，农业生产中供大于求的那部分农业劳动力资源。

我国农业剩余劳动力产生的原因很多，总结来看主要有以下几条：一是农村人口和农业劳动力规模大，增长速度快；二是人均耕地面积逐年减少，农业生产对农业劳动力的总需求逐渐减少；三是农业生产技术条件改善，农业劳动生产率和集约化水平提高，对农业劳动力的平均需求水平降低；四是长期以来农业产业结构单一，对农业劳动力的综合容纳能力不高；五是城镇化水平相对较低，非农产业发展缓慢对农业劳动力的吸纳能力有限。随着农业生产和社会经济的发展，我国已产生规模巨大的农业剩余劳动力，如果不能进行合理的安置，不仅会造成农业劳动力资源的极大浪费，而且还会影响农业现代化的发展进程。

（三）农业剩余劳动力转移

农业剩余劳动力的存在，意味着经济上的浪费和社会福利的损失，不仅影响了传统农业向现代农业的转变，还在一定程度上制约着整个国民经济的发展。因此，必须制定务实、有效的政策措施，促进农业劳动力充分就业，提高农业劳动力资源的利用效率。要实现这一目标，在农业生产资源特别是土地资源有限的条件下，应该着力发展非农产业，创造更多的就业机会，实现对农业剩余劳动力的转移。为保证农业剩余劳动力转移工作的有力、有序、有效进行，应采取以下措施：

1. 发展劳动密集型农产品的生产，扩大农业生产自身的就业量

我国属于劳动力资源异常丰富、耕地资源稀缺的国家，大力发展林果业、水产养殖

业、畜牧业、高档蔬菜种植并对其进行深加工，适当降低粮食生产并积极参与国际分工，是转移农业剩余劳动力的有效途径和理性选择。当然，粮食生产对我国而言十分重要，因而调整农业生产结构必须以保障国家的粮食安全为前提，要不断改善农业生产的基础条件，凭借技术进步来提高粮食单产和总产量。基于我国国情和市场导向的农业生产结构调整，不仅不会威胁我国的粮食安全，而且能够为农业剩余劳动力的合理安排和有效转移提供更为广阔的空间。

2. 加强对农民的教育培训，培养新型农民和现代产业工人

农业劳动力的综合素质偏低，不仅会影响到农业劳动生产率的提高，还会限制农业劳动力的非农化转移及身份转变，并在一定程度上加剧了农业劳动力供需失衡的矛盾。因此，要实现农业剩余劳动力在非农产业的稳定就业，就必须加强对农民的教育培训，提高农民的职业技能和对非农就业岗位的适应能力，将留在农村继续务农的农业劳动力培养成"有文化、懂技术、善经营"的新型农民，将转移到城镇和非农产业的农业剩余劳动力培养成高素质的现代产业工人，这是促进农业劳动力合理利用和农业剩余劳动力有序转移的治本之策。

3. 加快农村小城镇建设，形成有利于农业剩余劳动力就业的块状经济和产业集群

我国现有的农村乡镇企业80%分布在零散的自然村，布局的分散使其丧失了应有的聚集效应和扩散功能，其对农业剩余劳动力的吸纳能力受到限制，就业容量不断下降。根据研究，如果能使目前分布比较分散的农村乡镇企业向小城镇适度集中，通过关联产业的带动和聚集效应，可以使现有农村乡镇企业和小城镇的就业容量扩大30%~50%，大大增加对农业剩余劳动力的吸纳能力。因此，加快农村小城镇建设，依托这些小城镇吸收社会资金，引导农村乡镇企业不断聚集，形成块状经济和产业集群，并进行产权制度、户籍制度、投资制度、社会保障制度等方面的配套改革，就可以为农业剩余劳动力的转移创造更多的就业岗位。

4. 发展城乡服务业，提高第三产业对农业剩余劳动力的吸纳能力

改革开放40多年来，我国经济发展迅速，经济总量显著增加，但同时产业结构不平衡的矛盾也日益突出。目前我国的产业结构中，在第一产业占国民经济的比重逐渐降低的情况下，第二产业所占比重过大，第三产业所占比重相对较小，尤其是服务业的发展水平和在国民经济中所占的比重远低于发达国家和地区，限制了其对农业剩余劳动力的吸纳能力。根据最新统计数据显示，我国三大产业占国民生产总值的比重，第一产业为9.2%，第二产业为42.6%，第三产业为48.2%。我国的第三产业虽然已经占国民经济的最大比重，

但与发达国家 70% 左右的水平相比，仍处于较低水平。因此，大力发展劳动密集型的第三产业，尤其是城乡服务业，是我国未来增加农民就业、转移农业剩余劳动力的有效途径。

第三节　农业劳动力资源开发与利用

一、农业劳动力资源的利用评价

（一）农业劳动力利用率

1. 农业劳动力利用率的概念

农业劳动力利用率是反映农业劳动力资源利用程度的指标，一般是指一定时间（通常为 1 年）内，有劳动能力的农业劳动者参加农业生产劳动的程度。

农业劳动力利用率是衡量农业生产水平和经济效益的重要标准，在一定的农业劳动力资源和农业劳动生产率条件下，农业劳动力利用率越高，就可以生产出越多的农产品。衡量农业劳动力利用率的具体指标包括：①实际参加农业生产的农业劳动力数量与农业劳动力总量的比例；②在一定时间内，平均每个农业劳动力实际参加农业生产劳动的天数与应该参加农业生产劳动的天数的比例；③每天纯劳动时间占每天标准劳动时间的比重。

在农业劳动生产率不变的条件下，提高农业劳动力的利用率，意味着在农业生产中投入了更多的劳动量。在我国目前农业生产的资金投入相对不足、物质技术装备条件比较落后的情况下，增加劳动量的投入，提高农业劳动力的利用率，对于促进农业生产的发展具有十分重要的意义，也是合理利用农业劳动力资源的重要途径和客观要求。

2. 影响农业劳动力利用率的因素

在农业生产实践中，影响农业劳动力利用率的因素很多，概括来说主要分为两个方面：一是农业劳动力的自然状况和觉悟程度，如人口数、年龄、身体状况、技术能力、思想觉悟水平、生产积极性和主动性等；二是自然条件和社会经济条件，如土地结构、气候条件、耕作制度、农业生产结构、多种经营的开展状况、农业生产集约化水平、劳动组织和劳动报酬、责任制状况、家务劳动的社会化程度等。在这些影响因素中，有的因素是比较固定的，或者要经过较长的时间才会有所变化，有的因素则可以在短期内发生变化。因此，为了提高农业劳动力利用率，既要从长计议，如控制农村人口的增长逐步改善自然条件等；又要着眼当前，如合理调整农业生产结构、改善农业劳动组织、贯彻按劳分配原则、采用合理的技术和经济政策等。

3. 提高农业劳动力利用率的基本途径

（1）运用积极的宏观调控政策，充分调动农业劳动者的生产积极性

劳动力资源的利用程度与劳动者的生产积极性紧密相关，在农业生产劳动过程中也同样如此。因此，要提高农业劳动力的利用率，就要运用积极的宏观调控政策充分调动农业劳动者的生产积极性，充分尊重农业劳动者的经营自主权，充分发挥他们在农业生产中的主观能动性，使农业劳动力及其劳动时间都能够得到更加合理的利用。

（2）向农业生产的广度和深度进军，大力发展农业多种经营

虽然我国按人口平均计算的耕地资源非常有限，但其他农业生产资源相对比较丰富，有大量的草地、林地、海域和淡水养殖面积可供利用。因此，在安排农业生产经营的过程中，不能把注意力只集中在单一的农业生产项目上，或者只进行简耕粗作的农业生产经营，而应该开阔视野，树立大农业经营观念，走农林牧副渔全面发展、农工商一体化的发展道路，这样才能为农业劳动力的充分利用提供更多的就业门路。

（3）合理分配农业劳动力，积极探索适合我国国情的农业剩余劳动力转移之路

除了在农业内部努力提高农业劳动力的利用率之外，还应该对农业劳动力进行合理分配使用，加强对农业剩余劳动力的转移。因此，要在农、林、牧、渔之间，农业和农村其他产业之间，生产性用工和非生产性用工之间合理分配使用农业劳动力，把富余的农业劳动力千方百计地转移到工业、商业、服务业、交通运输业、建筑业等二、三产业中去，避免农业劳动力因为配置不均造成的窝工浪费和转移受阻造成的闲置浪费。

（4）改善农业劳动组织，加强农业劳动管理

为了充分合理地利用农业劳动力资源，还应该在农业生产中采取科学的、与生产力水平相适应的农业劳动组织形式，加强和改善劳动管理，建立健全农业劳动绩效考评机制，实施合理的、有激励效果的劳动报酬制度，使农业劳动者从关心自己利益的动机出发，积极主动地、负责任地参加农业生产劳动，进而提高农业劳动力的利用率。

（二）农业劳动生产率

1. 农业劳动生产率的概念

农业劳动生产率，即农业劳动者的生产效率，它是指单位劳动时间内生产出来的农产品数量或生产单位农产品所支出的劳动时间。农业劳动生产率反映了农业劳动消耗与其所

创造的劳动成果之间的数量比例关系，表明农业劳动力生产农产品的效率或消耗一定劳动时间创造某种农产品的能力，提高农业劳动生产率是发展农业生产的根本途径。

2. 农业劳动生产率的评价指标

农业劳动生产率的评价指标，有直接指标和间接指标两大类。

（1）直接指标

农业劳动生产率的直接指标是指单位劳动时间内所生产的农产品数量或生产单位农产品所消耗的劳动时间。用公式表示如下：

$$农业劳动生产率 = 农产品产量或产值 / 农业劳动时间，或$$

$$农业劳动生产率 = 农业劳动时间 / 农产品产量或产值$$

农产品数量可以用实物形式表示，如粮食、棉花的一定数量单位等；也可以用价值形式表示，如农业总产值、净产值等。由于价格是价值的外在表现，而价格又在不断发生变化，因此采用价值形式来比较不同时期的农业劳动生产率时，要采用不变价格计算。农业劳动时间应该包括活劳动时间和物化劳动时间，这样计算出来的农业劳动生产率称为完全劳动生产率。但由于物化劳动时间的资料取得比较困难，一般只用活劳动时间来计算农业劳动生产率，称为活劳动生产率。在实际工作中，为了使活劳动生产率尽量接近完全劳动生产率，在用价值表示农产品数量时可以减去已消耗的生产资料价值部分，直接用农业净产值表示。活劳动时间的计算单位通常采用人年、人工日、人工时等指标。

（2）间接指标

为了及时考察农业生产过程中各项作业的劳动生产率，还可以采用单位劳动时间所完成的工作量来表示农业劳动生产率，即劳动效率。这就是衡量农业劳动生产率的间接指标，如一个"人工日"或"人工时"完成多少工作量等，用公式表示如下：

$$农业劳动效率 = 完成的农业工作量 / 农业劳动时间$$

在运用农业劳动效率指标时要注意和农业劳动生产率指标结合应用，因为两者之间有时一致，有时可能不一致，如由于技术措施不当、劳动质量不高、违反农时以及自然灾害等多种原因时常造成二者不一致。因此，不能单纯强调农业劳动效率，必须在采用正确技术措施的条件下，在保证质量和不误农时的前提下，积极提高农业劳动生产率。

3. 提高农业劳动生产率的意义

农业劳动生产率的提高，意味着包含在单位农产品中劳动总量的减少，这是农业生产力发展的结果，也是发展农业生产力的源泉，是衡量社会生产力发展水平的重要标志。因此，不断提高农业劳动生产率是农业发展的主要目标，也是加速社会向前发展的坚实基础，不仅具有重大的经济意义，而且具有重大的政治意义。具体表现在：

（1）提高农业劳动生产率和农产品质量，以较少的农业劳动力生产出更多的高质量农产品，从而能够更好地满足国民经济发展和人民生活的需要。

（2）提高农业劳动生产率促进农业和国民经济的综合发展，降低单位农产品的劳动消耗，为国民经济其他部门准备了大量劳动力。

（3）提高农业劳动生产率能够增加农民的收入，为农民进军国民经济的其他部门提供了条件。

（4）提高农业劳动生产率能够提高农业劳动力的综合素质，使农民学习科学文化知识和专业技能，进一步促进农业生产力的发展。

二、农业劳动力资源的开发

（一）农业劳动力资源开发的含义

农业劳动力资源开发，指的是为充分、合理、科学地发挥农业劳动力资源对农业和农村经济发展的积极作用，与农业劳动力资源进行的数量控制、素质提高、资源配置等一系列活动相结合的有机整体。农业劳动力资源的开发包括数量开发和质量开发两个层次的含义。

农业劳动力资源的数量开发，是指用于农业劳动力资源控制而展开的各项经济活动及由此产生的耗费。不同类型的国家或地区的农业劳动力资源数量控制的目标也各不相同，既有为增加农业劳动力资源数量进行努力而付出费用的，也包括为减少农业劳动力资源数量而做出各种努力的。前者通常存在于经济高度发达，人口高龄化尤其是农村人口高龄化的国家；后者则存在于农业劳动力过剩的发展中国家。

农业劳动力资源的质量开发，一般是指为了提高农业劳动力资源的质量和利用效率而付出的费用，包括用于农业劳动力资源的教育、培训、医疗保健和就业等方面的费用。目前，我国的农业劳动力资源开发主要是指对农业劳动力资源的质量开发，尤其是对农业劳动力在智力和技能方面的开发。

（二）农业劳动力资源开发的意义

随着农业现代化的发展，农业生产对科学技术人才和科学管理人才的需求越来越大，因而开发农业劳动力资源质量，提高农业劳动者的素质显得越来越重要。其重要意义主要体现在以下几个方面。

1. 农业现代化要求农业劳动力有较高的素质

在国外一些实现了农业现代化的国家中，农业有机构成与工业有机构成之间的差距在逐步缩小，甚至出现了农业有机构成高于工业有机构成的情况，因此对农业劳动力资源数量的要求越来越少，对农业劳动力资源质量的要求却越来越高。这就要求提高农业劳动者的科学文化水平和专业技能，以便在农业生产中掌握新设备和新农艺。

2. 科技投入在农业生产中的重要性日益提高，对农业劳动力素质提出更高的要求

农业生产的发展规律表明，农产品增产到一定程度后，再要提高产量、提高投入产出的经济效益，就不能只靠原有技术，而是要靠新的科技手段。因此，要繁育农业新品种，改革耕作及饲养方法，提高控制生物与外界环境的能力，就必须对农业劳动力资源进行开发，以利于将现有农业生产力各个要素进行合理组合，选择最佳方案。

3. 农业生产模式的变革要求农业劳动力掌握更多的知识和技能

农业生产正在由自然经济向商品经济转变，并逐步走向专业化、社会化的过程中，需要掌握市场信息，加强农产品生产、交换和消费各个环节的相互配合，没有科学文化、缺乏经营能力是做不到的，这客观上要求对农业劳动者进行教育培训，提高他们的科学文化水平和经营管理能力。

4. 开发农业劳动力资源是拉动内需，促进国民经济进一步发展和农业可持续发展的需要

随着对农业劳动力资源开发步伐的加快，农民对教育的需求将会不断增加。因此，必须采取积极措施，发展面向农业劳动力资源开发的教育产业，增加农村人口接受各类教育和培训的机会，为农村经济的进一步发展培养出更多有用的人才。同时，大力开发农业劳动力资源，增加农业人力资本的积累，可以使教育成为农村新的消费热点，拉动内需，促进国民经济的发展。

（三）农业劳动力资源开发的基本对策

1. 着眼"三农"问题的解决，加强对农业劳动力资源开发的组织领导与管理协调

随着农村工业化、城镇化进程的加快，我国的农民正在发生着职业分化，有着更多的发展要求和发展空间。除一部分农民继续留在农村务农之外，大部分农民正由农业向城镇非农产业流动，由传统农民向现代产业工人转化。但由于转移的大多数农民不具备非农就业所必需的知识、技能和素质，客观上要求加大对农村人力资源的开发力度，以此提高农民的科技文化素质。因此，必须做好组织领导和管理协调方面的工作，建议成立由中央有关部门牵头的专门领导小组，作为农民教育培训的领导、协调机构；增加农村职业教育和成人教育的经费投入，把农村职业教育和农民培训工作列入地方政府的任期目标和考核内容；下大力气实施农民培训工程，用 5~10 年时间对 16~45 岁的农业劳动力群体进行一次全面的技能轮训；继续坚持农村"三教统筹"和"农科教结合"，并进一步探索在新形势下的实现方式。

2. 加快体制创新，积极构建政府主导、面向市场、多元投资的农民教育培训体系

农民教育培训作为一项面广量大的系统工程，理应得到各级政府、各相关部门乃至全社会的共同关注和积极支持。政府部门作为教育的实施主体，应当从促进教育公平，构建和谐社会的战略高度出发，充分认识加强农民教育培训的重要性。在解决农民教育培训资金经费的问题上，各级政府应处于主导地位，同时也必须广开渠道，实行投资主体的多元化。首先是中央和地方财政要加大对农业劳动力资源开发的投入，提高教育经费的财政投入占 GDP 的比重，同时在教育经费的使用过程中，向农民教育培训投入适当倾斜。其次是国内、国外并重，吸引各方投入。国内要鼓励城市支持农村，东部支援西部，鼓励企业、投资者到农村和西部地区进行教育投资。国外则要通过优惠政策，吸引国外政府、国际组织、企业家、华人华侨到我国农村开发劳动力资源，同时积极争取无偿援助、捐赠、低息贷款等，通过吸引多元投资方式推动我国农业劳动力资源开发水平的全面提升。与此同时，还要加快体制创新，完善培训体系，尽快建立与现代农业和农村经济发展相适应，以农民科技教育培训中心为骨干、以中高等农业院校、科研院所和技术推广机构为依托，以企业和民间科技服务组织为补充，以乡镇培训基地为基础的功能强大、手段先进、运转灵活的开放型、协同型的农民教育培训体系，按照新农村建设的要求，卓有成效地开展对农民的教育培训。

3. 在普及义务教育的基础上大力发展农村职业教育，重视技能型、应用型人才的培养

农业劳动力资源开发的首要任务是在农村普及九年制义务教育。农村要把普及九年制义务教育作为当前劳动力资源开发的基础工程，力争在最短的时间内完成"两基"达标任务。在此基础上大力发展农村职业教育，加速培养留得住、用得上的技能型、应用型人才，这是符合我国农村实际的明智之举，也是在目前教育经费不足的情况下低成本、高效率开发农业劳动力资源，解决农村人才瓶颈的有效措施。因此，要立足农村经济社会发展、农民脱贫致富的实际需要，有针对性地进行农业劳动力资源的开发，合理引导农村初

中毕业生到农业职业学校学习，并通过实施助学贷款、创业扶持计划，对报考农业职业学校的农村青年或毕业后愿意扎根农村创业发展的毕业生给予适当的资金支持和相应的政策优待，以鼓励引导农村初中毕业生选择职业教育。农村职业教育的专业设置、课程体系、教学模式要有针对性，要立足学生生存本领、职业技能和致富能力的培养，通过与企业积极"联姻"，了解用人单位的需求，按照就业岗位所需要的人才特点和能力素质进行培养，防止教育资源的浪费。

4. 规范劳动就业准入制度，建立完善促进教育需求的动力机制，督促农民主动参与培训

为了提高农民的就业竞争能力，实现农业剩余劳动力的高质量转移，必须推行规范的劳动就业准入制度。要在确定的职业准入范围内，积极推行职业准入制度，逐步做到凡已公布实行职业准入的行业，农村青壮年劳动力如果没接受职业教育或培训，没有取得相应的毕业证或职业资格证，就不能参加就业。

5. 加快农村社会保障制度建设，切实提高农业劳动力资源的保障水平

由于中国还存在城乡二元结构的制度性障碍，广大农民尚无法获得与城镇居民一样的社会保障，社会保障制度尚未覆盖广大农村。农民仍然依赖土地保障和传统的子女养老，这对于农村实现跨越式发展是一种巨大的障碍。因此，在国家层面必须加强规划，收入再分配方面向农村社会保险制度改革倾斜，尽快将农村社会保险制度建立起来。当前，农民迫切需要的是养老保险和医疗保险两大社会保险制度，对此可以根据我国的基本国情和农村实际情况，进行统一规划、分步实施，并使其逐步纳入国家社保体系，使农村人力资源的社会保障水平切实得到提高。具体来说，在养老保险方面，可以先实现较低水平的保障，争取用15~20年的时间分阶段纳入全国社会保障体系；在医疗保险方面，应首先解决大病医疗保险，然后在条件允许的情况下再实行普通医疗保险，也争取用15~20年的时间，分阶段纳入全国社会保障体系。在条件许可的时候，再逐步建立其他社会保险制度，如生育保险、工伤保险、失业保险等，最终使社会保障制度覆盖包括农民在内的全国所有人口。

三、农业劳动力资源的利用管理

为了充分合理地利用农业劳动力资源，需要积极促进农民的充分就业，提高农业劳动力的使用效率和经济效益，主要是提高农业劳动力资源的利用率和农业劳动生产率两个指标。

（一）发展农业集约化和产业化经营，提高农业劳动力资源的利用率

我国的农业劳动力资源十分充裕，而农业自然资源尤其是土地资源相对稀缺，同时对农业的资金投入不足，导致农业劳动力资源大量闲置，农业劳动力资源的利用率较低。从当前我国农业生产的情况来看，要提高我国农业劳动力利用率，主要应该依靠农业的集约化经营，增加农业生产对农业劳动力的吸纳能力。具体途径主要有以下几方面。

1. 增加对农业的资金和其他要素投入

加强农业基础设施建设，为农业生产创造更好的物质条件。同时改变原有单纯依靠增加要素投入量的粗放型农业生产经营模式，促进农业劳动力资源和农业生产资料的更好结合，通过实现农业生产的集约化经营来增加农业生产的用工量，使农业劳动力资源得到充分利用。

2. 发挥资源优势

依靠农业科技，加快发展农业产业化经营，增加农业生产的经营项目，拉长农业生产的产业链条，吸纳农业劳动力就业。尤其是要发展劳动密集型农产品的生产，创造更多的农业就业岗位，使农业劳动者有更多的就业选择空间，增加对农业劳动力的使用。

3. 合理安排农业劳动力的使用

组织好农业劳动协作与分工，尽量做到农业劳动力资源与各类需求量的大体平衡。要根据各项农业生产劳动任务的要求，考虑农业劳动者的性别、年龄、体力、技术等情况，合理使用农业劳动力资源，做到各尽所能、人尽其才，充分发挥劳动者特长，提高劳动效率。另外，要尊重农业劳动者的主人翁地位，充分发挥他们在农业生产中的主动性、积极性和创造性。

4. 对农业剩余劳动力进行有效转移，合理组织劳务输出

一方面，发展农村非农产业，实现农业剩余劳动力的就地转移，同时把农业剩余劳动力转移与城镇化发展结合起来，积极推动农业剩余劳动力向城市转移；另一方面，积极推动农业剩余劳动力的对外输出，利用国际市场合理消化国内农业剩余劳动力，这也是我国解决农业劳动力供求矛盾，提高农业劳动力资源利用率的重要途径。

（二）促进农业现代化，提高农业劳动生产率

充分合理地利用农业劳动力资源，还要提高对农业劳动力的使用效率，增加农业生产

中劳动力资源投入的产出，即提高农业劳动生产率。影响农业劳动生产率的因素主要包括生产技术因素，即农业现代化水平，以及自然因素和社会因素。根据这些影响因素总结了提高农业劳动生产率主要有以下途径。

1. 充分合理地利用自然条件

自然条件，是指地质状况、资源分布、气候条件、土壤条件等，这些影响农业拉动生产率的重要因素。自然条件对农业生产有至关重要的影响，由于自然条件不同，适宜发展的农业生产项目也不同。以种植业为例，同一农作物在不同的自然条件下，投入等量的劳动会有不同的产出，也就是会有不同的劳动生产率。因此，因地制宜地配置农业生产要素，利用自然条件，发挥区域优势，投入同样的农业劳动力就可以获得更多的农产品，提高农业劳动的自然生产率，实现对农业劳动力资源的优化利用。

2. 提高农业劳动者的科技文化水平和技术熟练程度

劳动者的平均技术熟练程度是劳动生产率诸多因素中的首要因素，在农业生产中也同样如此。由于农业生产中的生产力提高和科技进步是以新的劳动工具、新的劳动对象、新的能源和新的生产技术方法等形式进入农业物质生产领域的，因此要求农业劳动者具备较高的科技文化水平、丰富的生产经验和先进的农业劳动技能。另外，农业劳动者技术熟练程度越高，农业劳动生产率也就越高。为了提高农业劳动者的科技文化水平和技术熟练程度，必须大力发展对农业和农村的文化教育事业、科学研究事业以及推广工作。

3. 提高农业经济管理水平，合理组织农业生产劳动

要按照自然规律和经济规律的要求，加强农业经济管理，提高农业经济管理水平，使农业生产中的各种自然资源、生产工具和农业劳动力资源在现有条件下得到最有效的组合和最节约的使用，从而达到增加农产品产量、节约农业活劳动和物化劳动的目的，这对于提高农业劳动生产率、合理有效利用农业劳动力资源具有重要作用。

4. 改善农业生产条件，提高农业劳动者的物质技术装备水平

农业劳动者的物质技术装备水平是衡量一个国家农业生产力发展水平的重要标志，也是提高农业劳动生产率最重要的物质条件。农业劳动者的技术装备水平越高，农业劳动的生产效能也就越高，而要提高农业劳动者的技术装备水平，就要发展农业科技。只有农业科学技术不断发展，才能不断革新农业生产工具，不断扩大农业劳动对象的范围和数量，从而有效提高农业劳动生产率。

5. 正确贯彻农业生产中的物质利益原则

在一定的物质技术条件下，农业劳动者的生产积极性和能动性是关系农业劳动生产率

的决定性因素。在我国目前的社会主义市场经济条件下，人们劳动和争取的一切都与他们自身的物质利益直接相关，因此必须用物质利益来提高农业劳动者的积极性、主动性和责任心，这样才能更好地组织农业生产劳动，提高农业劳动生产率。

此外，建立健全完善的农业经济社会化服务体系，解决好农业生产过程中的系列化服务等，对提高农业劳动生产率也具有重要作用。

农业劳动力资源是指能够直接或间接参加和从事农业生产劳动的劳动力数量和质量的总和。农业劳动力资源包括数量和质量两个方面。农业劳动力资源具有可再生性、需求的季节性、素质的差异性、主体能动性、构成要素的两重性等特征。农业劳动力资源利用涉及供给与需求两个方面。

农业劳动是农业劳动力、生物资源和自然条件三个因素相结合的农业生产过程。农业劳动具有以下特点：较强的季节性、较大的分散性、一定的连续性、效益的不稳定性、内容的多样性、艰苦性。合理利用农业劳动力资源的原则有以下三种：因地制宜原则；经济效益原则；物质利益原则。我国农业劳动力资源的利用现状：农业劳动力数量大，增长速度快，并且严重过剩；农业劳动者素质低；农业劳动力地区分布不均衡。

第八章 农业可持续发展

第一节 农业可持续发展的理论内涵

一、农业可持续发展的内涵和实质

（一）可持续发展的内在含义

1. 可持续发展所包含的发展空间

可持续发展是指谋求全球性经济和全人类的可持续发展。在此之前，不论是停留在单纯的经济增长观基础上的经济学，还是建立在协调发展观上的经济学，在空间定位上都是以一国或某一区域的增长或发展为空间单元，而可持续发展始终以全人类的发展为前提。1987 年在东京世界各国——发达国家或发展中国家、市场经济或计划经济国家，其经济和社会发展的目标必须根据可持续性原则加以确定。解释可以不一，但必须从可持续发展的基本概念上和实现可持续发展的大战略上的共同认识出发。在可持续发展中包含着这样的深层次的内容：可持续发展是全人类发展的问题，任何国家和区域的经济发展都必须以全球性的可持续发展为前提，以可持续发展为基本方针，实现某一国或某一区域的发展。

2. 可持续发展所包含的发展时间

可持续发展既满足当代人的需要，又不对后代满足其需要的能力构成危害的发展。

3. 可持续发展所包含的发展内容

可持续发展是指经济、自然、社会三大系统之间的协调发展。以系统观点来看时，可持续发展应包括两个主要方面：系统内部的持续能力和环境的持续能力。系统内部的可持续发展能力，主要是如何构建一个既有利于经济有效增长，又有利于整个社会公平，健康地分享经济增长好处的社会体制问题。环境的可持续能力，是指资源可持续利用的能力，要求在开发利用环境资源时，不仅要从当代人和未来人的需要出发，更要从环境资源的供给能力出发，在环境资源动态承载能力容许的范围内合理利用。

4. 可持续发展所包含的一个全新的价值追求

可持续发展是实现社会公平的发展。这种公平包含了两方面的含义：一是人际公平。人际公平又包含：①要实现在满足全人类基本需要上的公平性。基本需要上的公平性也就是生存权利上的公平性。这一公平性的要求具体表现是世界上贫困人口的基本需求，并将此放在优先的地位来考虑。②世界各民族之间在谋求发展上的公平性。这一种公平性具体表现为发展中国家在分享世界科技进步、此界贸易发展、资源份额分配上的公平性。③不论在发达国家，还是在发展中国家，都要解决在社会财富分配上或以社会财富为基础的社会福利事业，社会文化发展分享上的公平性。二是代际公平，代际公平是指当代人的发展与后代人的可持续发展的公平性。

5. 可持续发展要遵循生态自然演化规律

可持续发展迫使当代人类在未来的经济发展中，不仅要遵循人类已经发现的经济发展规律，更要遵循生态自然演化规律，按照物质循环、再生、生物多样性共存互生等规律，重建人类与自然之间循环制衡、生态经济和经济与社会协调发展的生态文明。长期以来支配社会经济发展的规律，主要是古典经济学家发现的市场竞争规律。要实现经济的可持续发展，仅有这一规律还不够，还必须探求生态自然演化的规律，并将这一规律自觉地运用到可持续发展上来。只有这样，才能找到解决经济、社会、环境、人口等诸因素之间的协调发展规律。

（二）农业可持续发展的内在含义

1. 从单一属性定义角度

（1）侧重于从自然属性角度

代表性的定义是发展中国家农业持续委员会提出的。该委员会认为：持续农业是一种能够增进人类需要而不破坏环境甚至改善自然资源的农业系统的能力。落脚点是改善资源与环境系统。

（2）侧重于从社会角度

代表性的定义是社会学家提出的，把持续农业视为在不超出维持生态系统的承载能力的情况下，改善人类的生活质量的农业。落脚点是改善人类的生活质量。

（3）侧重于从经济属性角度

代表性的定义是经济学家提出的，认为持续农业是保护自然资源的质量及其所提供服务的前提下，使农业经济的净收益增加到最大限度。或者定义为在不降低环境质量和不破坏自然环境的基础上的农业经济发展。落脚点是农业经济发展。

2. 从综合属性定义角度

（1）道格拉斯提出的三重定义

道格拉斯认为，持续农业的内涵应包括环境重要性、食物充足性和社会公平性。即农业可持续性的三个不同层面：第一个层面是满足食物充足的可持续性，它寻求利益范围内的最大食物产量；第二个层面是管理上的可持续性，它是按照控制环境损害来定义的；第三个层面是社会的可持续性，它按照保持或重建生态经济和社会可行的农村系统来定义。

（2）美国农学会、作物学会、土壤学会讨论形成的一致看法

持续农业是在一个长时期内有利于改善农业所依存的环境和资源，提供人类对食品和纤维的基本需要，经济可行并提高农民以及整个社会生活的一种做法。

（3）联合国粮食及农业组织在荷兰召开的"农业与环境"国际会议

将持续农业定义为：可持续农业是采取某种方式，管理和保护自然资源基础，并调整技术和机构改革方向，以便确保获得和持续满足目前几代人和今后世世代代人对农产品的需求。这种可持续发展（包括农业、林业和渔业），能保护土地、水资源、植物和动物遗传资源，而且不会造成环境退化，是一种技术上适当、经济上可行，能被社会接受的农业。

在众多的定义中，毋庸置疑，联合国粮农组织在荷兰召开的国际农业和环境会议提出的"可持续农业和农村发展"（SARD）的定义最具权威性。可持续农业和农村发展是指在合理利用和维护资源与保护环境的同时，实行农村体制改革和技术变革，以生产足够的食物与纤维，来满足当代人及后代人对农产品的需求，促进农业和农村的全面发展。"不造成环境退化"是指人类与自然之间、社会与自然之间达到和谐相处，建立一种非对抗性的关系。"技术上适当"，是指生态经济系统的合理化并不主要依靠高新技术，而以最为适用、合理的技术为导向。"经济上可行"是要控制投入成本，提高经济效益，避免国家财政难以维持和农民难以承受的局面。"能够被社会接受"则指生态环境变化、技术革新所引起的社会问题，应当控制在可承受的范围内。

（三）农业可持续发展的实质

农业可持续发展的出发点和落脚点是发展，失去了发展的可持续是没有任何意义的。

但发展必须合理利用自然资源，保持生态环境的良好状态，实现发展的可持续性。这就是农业可持续发展的实质。

农业可持续发展思想虽在世界范围内得到广泛传播，但由于各国国情不同，对其理解有异。发达国家由于生产力水平相对较高，其农业功能已扩展到环境美化，食物生产以质量目标为主，并重视食品安全与营养，因而更多地强调资源环境保护，这是一种农业现代化后的思路。而对于大多数发展中国家而言，农业投入水平低，经营粗放，农产品从数量上还满足不了消费需求，因而注意力更多地集中于数量增长，希望通过发展，以求解决温饱，所追求的是以发展为主要目标，同时兼顾环境保护的策略。发达国家和发展中国家所追求的共同点是合理开发资源和保护环境，促使农业可持续发展。因此，各国在实施可持续农业发展模式上也有很大的差别。

对农业可持续发展的理解，还要处理好农业可持续发展与农业现代化的关系和农业可持续发展技术与传统农业技术和现代常规农业技术的关系。农业可持续发展不是对现代常规农业的全盘否定，更不是向传统农业的回归，现代化是可持续农业的必然方向。农业现代化如果缺乏可持续性，也不是一个可供选择的现代化，可持续性是农业现代化的一个重要特性。农业现代化的基本内涵既包括装备现代化、技术现代化和管理现代化，还包括资源环境优良化。可见，可持续农业不是对现代常规农业的否定性替代，而是扬弃式发展。农业现代化与可持续发展并非对立，而是相辅相成的。

二、农业可持续发展的指标体系

对农业可持续发展内在含义和基本要求的量化，就形成了农业可持续发展的指标体系。建立农业可持续发展的指标体系，是一项复杂的工作。

（一）农业可持续发展的社会指标

社会指标主要反映农村人口的规模、变化趋势、素质及生活质量等，主要指标有：

（1）人口自然增长率。（2）人口平均寿命。（3）成人识字率。（4）农业人口每百人受过中技以上教育人数、每万农业人口农技人口数。（5）农业科研经费占 GDP 之比重（%）。（6）农业科技进步贡献率。（7）农业人口比重。（8）农村劳动力就业率。（9）农村劳动力剩余率。（10）农村第一、二、三产业劳动力比重。（11）农村电话普及率。（12）农村恩格尔系数和基尼系数（人均和地区）。（13）农村绝对贫困人口及比例。（14）每平方公里运输线长度。

（二）农业可持续发展的经济指标

农业经济指标主要反映农村产业结构状况、农业经营效果、农业经营方式、农业现代化程度等，主要指标有：

（1）农业投入产出率。（2）农业劳动生产率。（3）主要农产品单产。（4）农产品商品率。（5）农林牧副渔产值比重。（6）农村一、二、三产业产值比重。（7）农业机械总动力。（8）农产品在国内外市场占有率。（9）农产品出口换汇成本。

（三）农业可持续发展的资源指标

这里仅指农业生产中所涉及的自然资源。它是农业发展的基础，其数量和质量是衡量农业持续发展的重要指数。主要指标有：

（1）人均耕地面积及变化率。（2）人均森林面积及变化率。（3）农业自然资源开发利用程度。（4）森林覆盖率。（5）绿地面积率。（6）复种指数。（7）自然土壤有机质含量。（8）自然保护区面积。（9）物种多样性。（10）治理水土流失面积。（11）有效浇灌面积。（12）旱涝保收面积。（13）耕地灌溉面积百分比。（14）机耕面积。

（四）农业可持续发展的环境指标

生态环境的好坏不仅是衡量可持续发展的重要标志，也是反映社会、经济、资源与环境协调程度的重要指标。主要指标有：

（1）污染治理费占 GDP 的比重（%）。（2）污水排放处理率。（3）农村饮用水卫生程度。（4）大气 SO_2 指数值。（5）土壤 pH 指数值。（6）农药施用量及施用强度。（7）地膜使用量及覆盖率。（8）水土流失面积及变化率。（9）沙化土地面积及变化率。（10）草原退化面积及变化率。

第二节 农业可持续发展的实践模式

一、有机农业

有机农业，英语的表达形式为 Organic Agriculture 或 Organic Farming，是兴起较早、影

响较大的一种农业模式。

有机农业首先是由一些学者提出来的。早在 1924 年，奥地利学者拉道夫·思腾特就在其学术活动中涉及有机农业。在思腾特之后的 20 世纪 30 年代，英国植物育种学家奥波特·哈罗德发表了《农业圣典》一书。在该书中，哈罗德比较系统地提出了有机农业的思想。

而最先将有机农业思想应用于农业实践的先驱者是美国人罗代尔。1940 年，罗代尔买下了宾夕法尼亚州库兹镇的一个拥有 63 英亩土地的农场，在这个农场开始了有机园艺的研究和耕作，并于 1942 年出版《有机园艺和农作》杂志。但是，在 20 世纪 70 年代以前，尽管有机农业耕作在美国、日本及西欧许多国家存在着，但规模较小，发展水平较低，影响也不很大。

有机农业虽然作为常规现代农业的一种替代模式在一定程度上显示出生命力，因为它可以有效地克服常规现代农业所导致的一系列生态环境问题，但有机农业的发展也面临着许多挑战。首先，由于不使用化肥、农药等具有高产出效率的现代农业投入，有机农业的效率较低，产出量比常规现代农业明显减少，因此其生产能力无法满足国民生活和经济发展不断增长着的对农产品的需求；其次，由于具有劳动密集性质，有机农业需要占用较多的劳动力和畜力，这与发达国家劳动力普遍短缺的现实不相吻合，因此实施有机农业，会引起劳动力和畜力的短缺；再次，生产效率的降低以及劳动力使用数量的增加，都会使有机农业所生产出来的农产品价格上升，这会给消费者增加支出负担；最后，有机农业对化肥及农药的全盘否定，使有机农业与常规农业之间形成一条鸿沟。

二、再生农业

再生农业，英文的表达形式是 Regenerative Agriculture，从渊源上讲，是在有机农业思想的基础上进一步形成的。再生农业的开拓性实践者是美国人 R. 罗代尔，R. 罗代尔是 J. 罗代尔的儿子，在其父的影响下受到了早期的农业思想教育。一本由著名土壤学家 F. H. 金撰写的专门研究中国千百年来进行无废弃物农业的专著使他受益很深。之后，他又结识了有机农业思想的创始人奥波特·哈罗德，哈罗德给了罗代尔父子两代人以深刻的影响。在长期经营其试验农场的过程中，R. 罗代尔亲身体会到现代农业是建立在大量化学肥料、农药和除草剂基础上的能源和化学集约农业，虽然取得了历史上从未有过的高产，但是这种高产的代价是巨大的：地下水及土壤遭受污染，成千上万吨的土壤流失，物种日趋单一化，小农场主面临无法承受的高额生产成本。R. 罗代尔认为，人类社会已有上千年的农耕历史，而真正依靠大量投入并成为特点的现代农业迄今不过百年，在以往的几千年里，农民之所以可以仅仅依靠极其廉价的系统内部投入而得以生存下来，也正说明自然界有一种迄今尚未被完全认识的再生能力，这种能力来自某种"自我治疗恢复力"，只有找到这种恢复力并将其"释放"出来，就能够使农业得到再生，就能够避免现代农业所产生的一系列环境不经济问题。本着这种信念，R. 罗代尔于创建了拥有304英亩试验地的"罗代尔再生农业研究中心"，在其父进行的有机农业研究的基础上，开始再生农业的研究工作。

关于再生农业的定义，R. 罗代尔这样解释：再生农业就是在不断提高的生产力水平上，增加土地和土壤的生物生产基础，它具有高度的内在经济和生物稳定性，对农场或耕地以外的环境的影响最小，甚至无影响，不使用杀虫剂生产粮食，力图转向最小依赖不可更新资源的过程中，为日益增长的大量人口提供粮食。再生农业进展的评估标准有5条：①不再继续增加外界资源（化学的、财政的）投入；②当地农民感兴趣和接受程度不低于35%；③在当地民间自动传播的程度；④可以度量的劳动生产率的增长；⑤生态方面健康状况的改善。

罗代尔再生农业研究中心还有计划地向发展中国家推广其思想和成果，使其在国际上影响日益增大。中心的国际部在非洲、拉丁美洲和亚洲的几个国家选择了若干农户，进行现场试验研究并建立了相应的服务机构。

再生农业虽然取得了很大的进展和成果，已形成一定的影响，其一些思想已被常规现代农业吸收和利用，但这种农业模式仍在进行之中。

三、生物农业

生物农业，英文的表达形式是 Biological Agriculture。生物农业作为一个术语在欧洲比较常用，其内涵与美国的有机农业、再生农业很相近。但欧洲学者认为，美国的有机农业含义不够清楚，因此提出了"生物农业"这一概念。

（一）生物农业所要达到的目的

（1）持续发展的农业，即通过维持和提高土壤的生物肥力来保证未来的食物生产；（2）自我维持的农业，即系统应尽量能够依赖自身范围内资源，而不依赖大量外部资源的输入；（3）实现自然系统中的生物过程的农业，即只有遵循生物学原理，农业才能获得成功。上述三个目的中，第三个是最重要的，它是生物农业的基本原理，即生物农业是基于生物学原理而不是忽视或与之相背的农业生产体制。

（二） 生物农业的基本原理的要点

（1） 土壤、植物、动物和人类的健康是通过养分循环连接着的；（2） 土壤肥力下降或由于不适宜的耕作措施造成的土壤平衡失调都会削弱循环；（3） 为了维持和提高土壤肥力，所有生活物质及废弃物都必须归还土壤，强调以有机肥料替代化学肥料，并尽可能地使土壤覆盖植物或腐烂物；（4） 这种归还为再循环提供基本元素，并净化那些可能会造成污染的废弃物；（5） 土壤必须保持有序的结构，物质在地表分解，腐殖物能够使地表下的土壤肥沃，这就需要尽可能少地搅动土壤，强调蚯蚓对形成土壤团粒结构的作用。因此，在土壤耕作措施上要注意减少对蚯蚓的危害，提倡采用少耕或免耕法；（6） 要像自然生态系统那样使多种动植物共存，并各自形成混合的群落，这就要求在耕作上提倡作物轮作、间作和混合放牧；（7） 一个地区的资源通常能够维持区域内生物的生长；（8） 通过系统内生态平衡和各种栽培措施，如轮作、间作混种等方法防治病虫害，可不用或少用化学农药。

由于生物农业更强调生物学过程，思想基础比有机农业雄厚，思路比较宽广，因而更容易被人们接受，它的基本原理对校正常规现代农业的生态环境偏差有重要作用。

四、生态农业

生态农业，英文的表达形式是 Ecological Agriculture，首由美国土壤学家威廉姆·阿波利奇提出。阿波利奇认为，通过增加土壤腐殖质，建立良好的土壤条件，就会有良好健康的植株，可用铜制剂波而多液和轻油防病，少量使用化学肥料，禁止使用化学农药，避免环境污染。英国学者沃森顿根据其对欧洲有机农业的调查和亲自试验，对生态农业提出了新的认识。之后，其他一些西方学者相继对农业生态问题进行了研究，使生态农业在内涵上不断完善。从实践看，西欧各国在推行生态农业方面起步较早。根据荷兰的统计，20 世纪 70 年代西欧各国各种生态农业加在一起的面积占整个农业用地面积的 0.03%~0.06%。到 80 年代中后期，德国各种生态农业的面积比例已增加到 0.3%；英国生态农场约占农场总数的 1%，但其中 86% 为小于 100 英亩的小农场，主要集中在东北部沿海、新英格兰等适于牧草生成的温凉湿润地区；荷兰生态农业的面积约占农地面积的 0.15%，在高等农业院校还开设了生态农业技术课程。

一般认为，作为生态农业，必须具备以下几个基本条件：

第一，它必须是一个自我维持的系统。在运作过程中，设法使能量减少到最低限度，并且一切副产品和废弃物都要通过再循环，提倡使用降解生物及固氮植物，通过实施腐殖、作物轮作以及正确处理和施用农家肥料等技术来维持土壤肥力。

第二，它必须是多种经营的。动物（包括人）与植物的构成比例要适当，通过多种经营，增加农业生态环境的稳定性和最大生物产出量。

第三，它在农场规模上应该是小的。应控制投入和增加雇佣人员，提供更多的就业机会，减少农村人口向城市的流动。

第四，它在经济上必须是可行的。其标准是以类似于社会上其他成员的生活方式为农民提供足够的收入，以便维持农民的生活，并保证农场的正常开支。不能把利润增加到最大而破坏各种各样的环境因素的程度。

第五，它的产品应当在农场内部加工，增加农村的就业机会，并以较低的价格提供给消费者。

第六，它在美学和道德上必须能够被人们接受。尽可能保持农村的各种景观，使农业生态体系变得更加稳定，并使乡村特有的美丽景观给人以赏心悦目之感。

生态农业的倡导者认为，正确推行生态农业，首要的是调整好耕地与畜牧占地的比例，畜牧业除生产畜产品外，还应为农业耕地提供足够的有机肥料，以保持和改良耕地的土壤肥力。英国大草原及其他地方生态农场在此方面的具体实践为，很少或根本就不用投入物，不用谷物或进口饲料喂养牲畜，农场中的耕地面积占农场全部土地面积的30%左右，这是保持生态农业自我维持特征的一个标准。

五、持续农业

持续农业，英文的表达形式是 Sustainable Agriculiure。其内涵从广义上讲，就是我们在上一章中所介绍的农业可持续发展的内涵。但从狭义上理解，持续农业与有机农业等一样，也可以是农业可持续发展大理念下的一种模式，是现代常规农业的一种替代模式。与其他替代模式相比，持续农业是在探讨现代常规农业替代模式中提出最晚但发展前景最好的一种模式。

实践中，持续农业主要采用的技术措施有：

第一，减少化肥施用量。具体的技术措施包括：①合理高效的轮作制度，特别是与豆科固氮作物或其他养分固定作物的轮作。实践证明，通过轮作，种完一茬根瘤菌作物后再种粮食作物，其产量通常比连续种植粮食作物的产量高10%～20%。②增施有机肥料。③土壤养分状况的深入分析与评价，以确定合理的施肥量。④低耗肥品种的种植。⑤高效施肥，将化肥适时适量地施于作物行间的准确位置上，以最大限度地促进作物生长，而不是促进杂草生长或污染环境。

第二，减少农药使用量。具体的技术措施包括运用综合害虫防治技术替代纯农药防治技术，采用轮作高抗性品种的使用等，确定病虫害防治的经济价值，做好病虫害防治的预测、预报和控制工作。病虫害综合防治技术主要包括，密切监视虫口密度，将化学农药的使用与生物防治以及新的耕种技术等非化学手段配合起来，使害虫口密度降低而不致发生严重灾害，并最大限度地减轻对其他物种特别是有益生物的损害。减少杀虫剂使用的技术包括：①高效的杀虫剂喷施技术，尽可能将杀虫剂喷施在其有效作用范围；②较多的作物轮作配置；③调整作物种植时间，使害虫危害期与作物受害敏感期错开；④有控制的选择特定的杂草，使之有利于病虫害天敌的繁殖或给害虫提供替代型食品；⑤释放害虫的寄生物或捕食天敌；⑥利用对害虫行为特征有影响的外激素和驱虫剂；⑦采用将"毒素"通过遗传工程植入植物体内的品种，即转基因技术形成的抗病虫品种；⑧通过生物多样性的保护来维持对害虫有克制作用的捕食性昆虫；⑨积极发展新的耕作方式如间作、带状间作等，以增加田间生物多样性，提高对害虫的自然防治能力。

第三，减少深耕。采用保护性耕作法。土地翻耕分常规性翻耕和保护性翻耕两种，保护性翻耕方式同常规性翻耕方式比较起来，优点在于通过残茎削减径流的功能，减轻侵蚀，阻止水流，增加水分的入渗能力，节省人力和能源，提高土壤肥力等。主要的技术措施包括：浅耕法、松耕法、底土松耕法、耙地法、表土耕耘法、免耕法等。这些措施不仅可以节约能源，而且特别有利于改善土壤水分贮存以及排水的更加自然的土壤结构，促进农业生产持续发展。实验表明，采取免耕法种植玉米、高粱、大豆，能使中等坡度上的土壤流失量降低 90%。

第四，采用并选育适宜于低投入生产的高效作物品种。选育高病虫害抗性的品种，选育杀虫剂负效应的品种，在育种工作中利用生物工程技术将昆虫毒素导入作物体。

综上所述，持续农业已成为世界农业发展的一个重要趋势和方向。持续农业由于在很大程度上综合了已有的常规现代农业替代模式的精华，因而具有非常强的生命力和美好的前景。我们认为，常规现代农业与持续农业结合，或者说常规现代农业的发展建立在可持续的基础上，是世界农业发展的未来方向。

第三节 结构调整优化与农业可持续发展

一、沿海创汇农业区的结构模式

沿海地区由于地理位置优越，已经成为我国现代经济发展最重要、最集中的地区，在农业生产方面具有突出的特点：一是自然条件优越，土地资源质量较好。我国沿海地区是世界上最重要的季风气候区，从南到北，跨有热带、亚热带、暖温带和温带等几个温度带，夏季普遍高温多雨，热、水、土条件有良好的配合，有利于农作物的生长。这里又是我国的平原、丘陵区，土地以平川、丘陵和中低山为主，质量明显好于中部和西部。全区土地总面积约 130 万平方公里，其中平原面积占 34.5%，大大高于全国平原占国土面积 12% 的比重；高山、高原的比重很小，大大低于全国的平均比重。而且土地比较肥沃，耕地比重较大，自然资源丰富，为发展农、林、牧、渔各业生产提供了比较有利的条件。同时，沿海地区具有濒临海洋的优势，辽阔的海域中有大量的海洋水产资源可供捕捞利用，漫长的海岸带上有广阔的沿海滩涂可以开发利用。二是经济实力比较强，农业资金投入渠道多。沿海地区经济发达，工业化程度高，地方财力和集体经济实力都很强，农业资金投入渠道较多。除了国家对沿海农业进行资金投入外，沿海地方政府、乡村集体和农民自己都拿出一部分资金用于发展农业，不少地区还实行了"以工补农""以工建农"。三是农业开发程度较高，生产水平较先进。沿海区域农业开发历史悠久，土地开垦程度高，平原的大部地区垦殖指数高达 60% 以上，耕地利用比较充分，水面利用也达到一定程度。全区劳动力充裕，技术素质较好，具有精耕细作、农林牧渔综合发展的优良传统，对现代农业科学技术的接受能力较强，农业生产水平较高，农作物的单位产量、农产品的商品率和农业的集约化程度都明显高于其他地区。四是地理位置和社会条件好，发展外向型农业优势多。沿海地区地处海滨，城镇密集，水陆交通方便，中部贯穿欧亚大陆桥，南部毗邻港澳，邻近东南亚，农产品的国内外市场广阔，具有内地难以具备的农牧渔"鲜活产品"对外贸易的条件，有利于外向型农业的发展。

二、传统粮棉主产农业区的结构模式

长期以来，粮棉主产区提供大量商品粮棉，为全国经济发展做出了较大贡献。但由于粮棉生产比较效益低，在很大程度上造成多数粮棉主产区整体经济发展比较慢，形成了"粮棉大县、工业小县、财政穷县"的格局。因此，结合该区的区域特征，寻找合理的农业结构调整和优化模式，对于改变粮棉主产区的这种状况，促进该区农业和农村经济发展有着十分重要的意义。

（一）农业自然条件优越，具有发展种植业的优势

以长江流域为例，该区地处中亚热带与北亚热带，气候温暖湿润，生长期长，对粮棉作物生产很有利。主要农作区冬季最冷，月平均气温多数地区在0℃以上，一般有利于越冬作物的生长。大部分地区可以发展双季稻，实施麦（薯、油、肥、菜）稻一年三熟制。该区耕作土壤条件良好，全国水田面积的2/3集中于这里，其水田面积占全区耕地总面积的比重超过60%。从土壤质量看，质量好、肥力高的一级耕地面积占耕地总面积的50%，比全国平均水平高出8个百分点。在粮棉主产区中，湖南、江西是我国耕地年生产力水平最高的地区，其年生产力水平分别较全国平均水平高出90%和76%，连本区耕地生产力最低的安徽省也比全国平均水平高出28%。

（二）粮棉产量高，社会贡献大

首先，我国居民尤其是南方居民以稻米为基本口粮，全国城镇居民的口粮消费中，稻米也占了60%~65%。也就是说，居民口粮消费中，稻米占了绝对优势。而仅就长江流域地区的粮食主产区而言，其稻米产量就占全国总产量的2/3，人均占有粮食400公斤以上。此外，粮棉主产区不仅提供其自身所需要的粮棉资源，而且为全国提供了广阔的商品粮棉。该区粮食商品率高，平均为20%~40%，从而保证了其他区域粮棉的供给，为其他区域农业优势产业的建立与发展提供了坚实的后盾，同时维持了社会的稳定和发展。

（三）发展粮棉生产是本区自身的优势

生产的资源优势，如土地资源、水利资源、地区有利，适宜发展粮棉生产。另一方面，术优势。这些地区生产粮棉历史悠久，传统的耕作技术精良，对现代科学技术的应用推广也易于接受，有利于农业技术改造和更新，比较容易获得科技生产力作用所产生的积极效应。

（四）粮棉生产是粮棉主产区农民收入的稳定来源

改革开放以来，粮棉主产区农民开辟了一些新的收入来源，但从总体构成来分析，目

前农民从事粮棉生产仍然是主要就业门路，由此获得的纯收入中一般占一半甚至 2/3 以上，而且比较稳定。今后较长时期内粮棉主产区的粮棉生产及其产业延伸，仍将是大多数农民收入的主要来源，还可能比其他产业更加稳定。

（五）传统粮棉主产农业区结构可选择的基本模式

1. 基地带动型模式

根据各地的资源优势，确立适宜的粮棉品种，进行规模化、商品化种植，从而提高产品的产量和质量，是传统粮棉主产区农业结构调整的有用尝试。这一模式一般从"一村一品""一乡一品"开始发展，逐步形成具有一定规模的农产品商品基地。然后通过基地发展，推动当地农业结构调整，并逐步形成了一批专业大户，搞活城乡市场。从而使粮棉主产区的农业发展与市场化进程相适应。

2. 市场牵动型模式

为产品找市场，以市场导向生产是关键。一些地方在对市场调查论证的基础上，明确以"四好"为标准，即把外观形象好、内在品质好、食用口感好、市场销路好的品种列为优先安排种植的品种。同时突出发展特优产品，满足市场需要，收到了很好的效果。

3. 政策推动型模式

通过价格政策，对优质产品实施优价，有利于拉动农产品质量的提高。一些地方对一部分农产品实行了优质优价政策，这一政策在实际执行过程中为农业结构的调整指引了方向，推动了农业结构的调整。

4. 龙头企业联动型模式

在结构调整中，围绕本区农产品原料优势，通过对农产品进行加工转化增值，不仅增加了农民收入和财政收入，而且还可以刺激农产品生产发展，特别是刺激粮棉稳定增产，不断优化产业结构。这一调整目标多通过培植"龙头"企业而实现。此外，通过发展农业产业化经营、农副食品加工业等有利形势，带动传统粮棉主产区结构调整也是本区所探索出的与其经济、自然条件相适应的有效模式。

三、城郊市场农业区的结构模式

城郊即主要处于大中城市与一般农业地区的结合部的地区，由于该区的农业生产，在地理位置和经济、社会活动上都与城市紧密联系在一起，都直接受到城市及其扩展的影响和制约，因而在实际调整过程中也有很大的不同。

（一） 城郊市场农业区的区域特征

1. 土地资源极其紧缺

城市郊区各种职能高度集聚，土地使用强度大大高于一般农村地区，从而造成土地资源的紧缺。此外，由于城市规模的不断扩充，城郊耕地资源被占用，减少的趋势不可逆转。城市发展导致城市规模进一步扩大，中心职能加强，城郊建设全面展开，从而加剧了土地资源，尤其是郊区耕地资源的非农化和紧缺。

2. 地理位置优越

大中城市都坐落在地势平坦或较为平坦的地带，水陆交通方便，信息畅通。城郊地区处于大中型城市的周围，属于城市与广大乡村的结合部。有利的地理位置为城郊农业发展带来了有利的条件：第一，大工业较先进的科学技术和现代化装备，可以较优先地应用于城郊农村生产各个领域，使得城郊农村农、工、建、运、商等各业的生产先进于一般农村。第二，由于紧靠城市，交通发达，其生产的各种产品的流通、环节大大减少，节省了许多流通费用，增强了产品的竞争能力。另外，由于紧靠城市和交通方便，许多工业部门生产的农业生产资料，可以迅速到达消费者手中。第三，市场需求信息反映快，生产者能较快地捕捉住与自己相关的市场信息和反馈信息，从而可以有目的地搞生产、减少生产的盲目性和风险性。

3. 农业生产面向城市市场，以副食品生产为主

城郊农业最主要的职能是为中心城市提供所需的农产品，农业的资源配置和生产结构都体现了这一基本职能。

4. 农业的集约经营程度和现代化水平较高，领先于全国一般农区

从上海郊区来看，近几年，每年投入农业的资金在 10 亿元以上，在原来具有精耕细作传统的基础上，又增加了先进的设施、机械，注入了先进的科学技术，因而不断提高了单位面积产量。

5. 城郊农业发展中的生态环境具有脆弱性

城市地区经济的快速发展，对城乡现代化建设产生了巨大的推动作用，城乡经济发展水平和居民生活水平得到了很大的提高。但与此同时，经济发展对农业生态环境的破坏也是明显的，主要表现在：①城市工业向郊区的转移以及乡镇工业的快速发展，使工业"三

废"污染向郊区农村地区蔓延，尤其是乡镇工业布局较为分散、技术相对落后、资金不足，从而造成郊区大气、河流水系环境质量严重下降。②农用化学品的大量使用降低了农产品的质量。农业在发展过程中对于化学品的使用产生了越来越大的依赖性，结果是造成耕地、水系的污染，农产品内在质量的下降。

（二）城郊市场农业区结构可选择的基本模式

1. 休闲农业带动型模式

主要是指城郊农民利用农业的自然属性，开发休闲农业、观光农业、体验农业等新的农业项目，以满足城市居民休闲、度假、观光等享乐的需要，如北京怀柔建设了旅游观光采摘精品农业园区，按照不同采摘时间，布局名优特稀新品种，并进行高质量，高效益，高水平规划设计，以带动农业结构的调整与重组。再如上海所形成的初具规模的集生产、休闲、观光、旅游一体的南汇桃花节、宝山长兴岛柑橘节、崇明国家级森林公园、浦东孙桥农业开发区、长风公园国际花卉节等。这些新型农业的出现，不仅使郊区农业的自身结构得到了很好的调整，使林果、花卉、蔬菜和特色农副产品从单一生产型逐步走向生产、生态、生活休闲型，而且为城市居民提供了休闲娱乐的场所。

2. 主导产品带动型模式

城郊农民通过对农业生产环境的改良，借助各种生物农业技术，对传统农作物实施品质更新和功能改造，赋予农产品以新的性能，从而使其更好地满足人类健康生活的需要。然后再以该产品为核心，组建区域主导产业，带动农业结构调整。近年来，上海把注重生产名特优新农副产品和常规农副产品相结合，已形成一批各具地方特色的农副产品，包括无污染农产品、医疗用农产品、观赏性农产品等，如松江的肉鸡、青浦的肉鸭、金山的肉类制品、南汇的三黄鸡、奉贤的黄桃、宝山长兴的柑橘、崇明的甜玉米、东海农场的玫瑰等，这些新型农业及农产品的发展，使郊区的农业结构上了一个新的台阶。

3. 产业化经营带动型模式

实施农业产业化经营，建基地、兴龙头是农业结构调整的有效形式。通过产业化经营，促进生产专业化、经营集约化、产品商品化，推动农业向现代化方向发展。

四、山地林业区的结构模式

山区林业是山区其他产业的基础和龙头，在山区结构调整中，调整林业结构是关键。山区森林植物资源丰富，山区农业结构调整以林为主的模式是山区资源特点所决定的，是山区农业持续发展的必然选择。从其调整的模式来看，主要有如下几种。

（一）科技林业带动型模式

此种调整模式就是要把科技要素融入山区农业生产中，提高林产品的科技含量。所以山区的农业结构调整，要落实科技进山，振兴山区农业。科技进山必须坚持以下原则：把精耕细作与先进适用技术相结合，实行集约化经营，坚持生物措施与工程措施相结合，综合运用农业科技成果；坚持因地制宜，分类指导，多模式、多点示范，使多点辐射效益开花结果。把开发智力与开发资源结合起来，实现技术、资金、物质、政策的配套效益，真正把山区农业的"造血"机能启动起来。技术扩散必须坚持全局梯度转移与局部跳跃相结合，形成技术由中心向四周，由高梯度向低梯度的转移，以促进山区结构调整。此模式通过增加科技投入来提高具有竞争优势的林产品的质量，并通过强化这些产品的商品化处理和储运手段，来进一步挖掘其潜力，使其林产品在农产品市场上占有更大份额。山区情况复杂，问题多，影响其农业结构调整的因素虽以林业为主，但其他的客观影响因素也多，在结构调整过程中要兼顾农业其他部门的利益，以林为主，走综合发展之路。

（二）林产品加工产业链拓展连动型模式

未来林业的竞争某种程度上讲是林产品加工业的竞争，林产品加工业作为连接最终消费的林业生产的后向产业，对解决人们对林产品日益多样化、多层次和加速变化的新的消费需求，有着特别重要的现实意义。从实践看，凡是林产品加工业搞得好的地方，既增加了农民收入，又充分利用了农村劳动力资源，并带动了农村第三产业的发展。因此，此模式要求林产品加工业与其产前、产后部门联合起来，培育和壮大林业产业化的龙头企业。首先，要充分发挥龙头企业对林产品加工业的连动作用。运用灵活机制，发展高科技、精加工业型龙头企业，形成国际竞争力的产业体系。同时，创造良好的投资环境，广泛吸收社会闲散资金和国外资本，形成多元化的投资主体，加快林业产业化龙头企业建设。其次，加工企业要和农民建立稳定的合同关系和利益联结机制，形成真正的利益共同体，从而最大限度地降低市场波动给农民带来的损失，增加农民收入。同时，为了保证加工企业获得稳定的规格和质量符合标准的加工原料，一定要注意森林的抚育，要先造林，后用林，加工业的取材量不能超过林业增加量。

（三）中介组织连带型模式

此模式是针对社会经济环境相对闭塞的某些山区农业结构调整而言的。即通过中介组织的带动解决农民的小生产与大市场的矛盾，从而减低山区农民生产的外部成本的模式选择。完善的中介组织其内容主要包括三位一体的联合机制：一是农户间横向经济联合组织——社区性合作经济组织，负责农户间的经济联合与协调。二是农户间纵向经济联合组织——林业合作社与林业企业。其负责组织从事相同或相关经营的农户作为一个整体共同进入市场，抵御市场风险。林业企业则是强化农户进入市场的中间联络体系。三是农户实现市场交割的组织载体一林业市场与林业信息中介。林业市场中介负责林产品的市场交易，林业信息中介为双方交易提供准确、及时、有效的信息。

第四节　生态农业与农业可持续发展

一、生态农业在我国的实践

我国开展生态农业研究和试点工作已有 20 多年的历史。特别是 20 世纪 90 年代以来，开展了全国生态农业县建设试点，为我国农业的可持续发展提供了一条有效的途径，也为国际上特别是为发展中国家提供了典型示范。

我国生态农业建设由小范围试验到大面积实施，由科学家试验研究到国家政府行为，使全国各地区的生态户、生态村、生态乡、生态县蓬勃发展起来。目前，全国不同类型、不同级别的生态农业建设试点已达 2000 多个，全国开展生态农业建设的县已达到 300 多个，其中国家级生态农业试点示范县 102 个，省级试点示范县 200 多个，遍布全国 30 多个省、自治区、直辖市。我国已形成了以国家级试点县为主导，国家试点与省级试点相结合，生态农业县与生态农业地区相结合的全国生态农业建设网络。

我国生态农业建设取得了显著效益。根据部分省、市、自治区生态农业试点的调查，开展生态农业建设后，粮食产量增长幅度一般均为 15% 以上，单产比试点前增长 10% 以上，人均收入水平均高于当地平均水平的 12%。通过综合治理生态环境，普遍提高了森林覆盖率，有效控制了水土流失。

二、我国生态农业的基本原理

我国的生态农业从一开始就强调追求高的农业生产力，追求现代化农业，主张合理的人工投入，强调产出和经济效益，兼顾生态效益与社会效益。我国生态农业基本理论认为，生态农业既不同于完全依靠内部封闭或内部物质循环的有机农业，也不同于主要依靠外部大量投入商品能量和物质的工业化农业，而是两者优缺点的扬弃。生态农业不是单纯的自然循环，而是自然、经济、社会的复合体，因而它必然是一个开放系统而不可能是一个自我维持或自给的系统。在能量和物质的利用上，我国的生态农业虽然也强调利用自然，充分发挥复合生态系统的"内循环"效应，以节省辅助能量与其他资源的投入量，但也强调要使辅助能量投入保持一定的水平，并在不损坏自然生态环境的条件下尽可能地增加农业投入水平，以获得满足社会需要的农产品供给。总之，我国农业生态体现了现代常规农业与农业可持续发展的结合，因而能够成为我国农业可持续发展的基本模式。

我国生态农业是按照生态学和生态经济学原理，应用系统工程方法，把传统农业技术和现代先进农业技术相结合，充分利用当地自然和社会资源优势，因地制宜地规划、设计和组织实施的综合农业体系。它以发展大农业为出发点，按照整体协调的原则，实行农、林、水、牧、副、渔统筹规划，协调发展，并使各业互相支持，相得益彰，促进农业生态系统物质、能量的多层次利用和良性循环，从而实现农业持续、快速、健康发展。这是对我国生态农业概念的基本内涵、特点和目标的概括，也是对我国学术界创立的具有中国特色的生态农业理论的总结。

我国生态农业的主要特征，概括起来主要有三个方面：一是我国的生态农业是从系统的思想出发，按照生态经济学的基本原理，运用系统工程方法建立起来的综合农业发展模式。二是我国的生态农业强调经济效益，追求高的农业生产收入，不排除资本和农业生产资料的大量投入，尤其是化肥和农药的投入。三是我国的生态农业包含有较为完整的生态过程，其生态效益是通过对生态过程的驾驭来实现的。即初级生产者（绿色植物），第二级农业者（各种动物）和分解者（微生物）并存，通过人为设计，理顺各级生产者之间的关系来实现生态效益目标。

三、我国生态农业的技术类型

（一）根据专家概括的类型

我国生态农业适应不同地域特色，发展了不同特点的生态农业技术类型，根据一些专家的概括，主要有以下类型：

1. 立体复合型

即利用生物群落内各层生物的不同生态位特性及互利共生关系，分层利用自然资源，以达到充分利用空间，提高生态系统光能利用率和土地生产力，增加物质生产的目的。这是一个在空间上多层次，在时间上多序列的产业结构，种植业中的间混套作、稻鱼共生，经济林中乔灌草结合以及池塘水体中的立体多层次放养等均是这种类型。

2. 物质循环型

即模拟生态系统的食物链结构，在生态系统中建立物质的良性循环多级利用链条，一个系统排放的废物是另一个系统的投入物，废物可以循环利用，在系统内形成一种稳定的物质良性循环，达到充分利用资源，获得最大经济效益的目的，同时有效地防止了废弃物对环境的污染。

3. 生态环境综合治理型

即采用生物措施和工程措施相结合的方法来综合治理诸如水土流失、盐碱化、沙漠化等生态恶化环境，通过植树造林，改良土壤，兴修水利，农田基本建设等，并配合模拟自然顶极群落的方式，实行乔、灌、草结合，建立多层次、多年生、多品种的复合群落生物措施，是生物技术与工程技术的综合运用。

4. 病虫害防治型

即利用生物防治技术，选用抗病虫害品种，保护天敌、利用生物以虫或菌来防治病虫害，选择高效、低毒、低残留农药，改进施药技术等，保证农作物优质、高产、安全。

（二）根据具体的生产技术分类

1. 立体生产技术

立体生产技术指在农业生产中，利用生物群落内各层生物的不同生态位特性及互利共生关系，分层利用自然资源，以达到充分利用空间，提高生态系统光能利用率和土地生产力，增加物质生产的目的，这是一个在空间上多层次、在时间上多序列的产业结构。种植业中的间混套作，稻鱼共生，经济林中乔灌草结合以及池塘水体中的立体多层次放养等均属立体生产技术的应用。不仅在大田作物之间开展多熟种植和间套作，而且包括利用木本果树、林木、热带作物、牧草甚至食用菌。立体种养还利用动物，如畜禽鱼等。林地间药材、稻田养鱼、果园养茹、多层养鱼等。

2. 有机物多层次利用技术

这种技术模拟了生态系统中的食物链结构，在生态系统中建立了物质的良性循环多级利用，一个系统的产出（废弃物）是另一个系统的投入，废弃物在生产过程中得到再次或多次利用，使系统内形成一种稳定的物质良性循环系统，这样可以充分利用自然资源，获得较大的经济效益。例如在一些生态农场，鸡的粪便喂猪，猪的粪便喂鱼（或进入沼气池），鱼塘的泥（或沼气发酵的废弃物）用于农作物的肥料，农作物的产品又是鸡、猪的饲料，如此形成良性的物质循环。

3. 农林牧副渔业一体化

种植、养殖、加工相结合的配套生态工程技术。这是指在一定区域内，调整种、养、加的产业结构，使农林牧副渔各业合理规划、全面发展的综合生态工程技术。它要求根据各地自然资源特点，发展资源优势，以一种产业为主，带动其他产业的发展，对农村环境进行综合治理，它是当前我国生态农业建设中最重要也是最多的一种技术类型。

4. 能源开发技术

广开途径，积极开辟新能源，解决农村能源问题，提高农业生态系统中能量流动与资源合理开发利用，促进良性循环，是生态农业建设的一个重要内容。近年来，不少农村重视利用农业废弃物进行沼气发酵，发展利用太阳灶、太阳能热水器、节柴灶、微型风力发电等，为扭转农村能源紧缺所引起的生态环境恶化实现良性循环起到辅助、推动作用。

5. 病虫害综合防治技术

病虫害综合防治具有保护生物多样性及改善环境的特点。目前，我国主要采用抗病虫品种，保护天敌，利用生物以虫或以菌防治病虫害，选择高效、低毒、低残留农药，改进施药技术，实行轮作倒茬等，保证农作物优质、高产、安全。

6. 维持土壤肥力的植物养分综合管理技术

这种技术主要包括配方施肥和合理开发使用有机肥等。

7. 引入新品种，充实生态位技术

充实生态位是一种生物工程与生态工程结合、利用优良种质资源并通过生物技术手段选出基因优化组合新品种，再配置各自合适的生态位，有利于生产力成倍地提高。近年来，我国农村一般的作物种子趋于老化、退化。因此，本来适宜的生态位，由强转弱，只有不断更换适宜种与品种，充实到各种生态位去，才能提高系统生产力。

8. 农业环境综合整治技术

采用了生物措施与工程措施相结合的方法来综合整治农业环境，这一方法已成功地应用于治理华南和黄土高原的水土流失、华北黄淮海平原的盐碱地和西北的沙漠化问题。

9. 农业资源的保护与增殖技术

生物养地技术是我国传统农业的精华之一。目前采用的方法有：作物秸秆和动物粪便经堆制、沤制或经养茹、制沼气之后回田作肥；实行养地作物和耗地作物的轮作间种；采集野生绿肥、食品加工副产物、河流沉积物等，增加有机肥投入。为扩大森林的保护效应，我国实施了"三北"防护林、东南沿海防护林、长江中下游防护林建设等重大林业工程。渔业资源增殖包括在河流和近海放养鱼苗、虾苗、蟹苗，在近海建立人工鱼礁等。

10. 农业副产物再利用技术

这些技术包括：利用牛粪、秸秆进行食用菌生产；利用蔗渣、茶叶进行蚯蚓生产；鸡粪、猪粪饲料化、秸秆氨化技术；利用农业有机物的沼气制造技术等。

四、我国生态农业发展前景与重点

（一）在实践中我国生态农业发展要搞好四个方面的调控

1. 生物调控

生物调控包括个体调控、种群调控和生产结构调控。个体调控主要是通过生物遗传特性的改变，使目标生物更加适应当地自然条件，更适合群体和系统的要求、更能满足人类的需要，因此农业科研就要在选种、育种方面重点培育对环境的适应性、丰产性、抗逆性较好的优良品种。群体调控主要是调节个体与个体之间、种群与种群的关系，包括密度调节、群体种类组成的调节、种群内不同性别和年龄组成的调节等。生产结构调控主要指协调农、林、牧、渔业的种类及比例，以便最大限度地利用当地的农业自然资源和满足人们的需要。

2. 环境调控

环境调控是为了增加农业生物产量和改善农村环境质量所采取的一切改造生态环境的措施，包括土壤环境的调控（如耕地、耙地、平地、施肥培肥土壤的草田轮作等），气候因子的调控（如植树造林、营选护林带网、人工降雨、防雹、防霜、保护地栽培等），水的调控（如修建水利设施、防止水土流失的生物措施和工程措施等），环境质量，庭院立体农业等的调控（如合理使用农药、化肥、防治乡镇企业污染的危害等）。

3. 结构调控

结构调控包括平面结构调控、立体结构调控、时间结构调控和食物链结构调控。平面结构调控是指在一定生态区域内，各农业生物种群或生态类型所占面积的比例与分布特征，平面结构既要符合自然资源特点，又要满足社会的需要。立体结构调控在于将不同生态位和种间互补的种群巧妙地组合起来，建成多层次的生物复合群体，以充分利用自然环境资源，如山地立体农业、平原立体农业等。时间结构调控是通过生物种群的安排，使生物对环境资源的吸收转化与自然环境的时间节律保持同步协调，以提高农业对环境资源的利用率。食物链结构调控是在增加初级生产的基础上，延长食物链环节，以层层利用、多级利用光合产物，增强农业系统的稳定性。

4. 信息调控

信息调控是建立生态农业的信息系统，通过对信息的使用，保证农业系统的健康运行。

（二）在重点上我国生态农业发展要突出的方面

1. 深化生态农业的产出定位

生态农业的最终产出分为两类，一类是物质产品，另一类是生态环境服务。生态农业的物质产品种类很多，如粮、棉、油、肉、蛋、奶等。由于这些产品是在生态原理的指导下，在生产过程中通过降低污染、减少化学物质施用、实行清洁生产方式生产出来的，其产品基本符合具有特定市场标志又具有严格质量标准的无公害、绿色和有机产品的要求，因此生态农业既是这三类农产品生产的基地、平台，又是具备地理特征、增加农产品附加价值的一种生态产业模式。从服务上分析，生态农业作为一种地域内的农业生产模式，同时也是一种建立在自然生态系统基础上的季节性、周期性的景观生态，包括海滨、内陆水域、旱地、岛屿、山地、丘陵、河谷、农田以及城郊等多种区域生态类型，蕴涵特定的美学、文化价值，这些生态农业的服务功能又可以开发为具有地理标志、经过认证、以观赏旅游为目的的服务产品。因此，生态农业提供的产品和服务应当是多样化的，要想发挥其功效，必须形成有地域特色的并具有市场标志和质量标准的系列化产品与服务，在生产和交换中通过不断积淀、拓展其内涵，开发品种特色，才能满足市场需求。

2. 推进形成区域生态农业的适度经营规模

生态农业既然有向外部输出农产品和服务的功能，就必然涉及投入产出关系，因此也就有一般生产意义上的经营规模问题，同时还有一定地域范围内的农业生态系统的服务规模问题。因此，一个地域的生态农业的生产经营规模、旅游服务规模不能过小，也不能过大，也就是要实现适度经营规模。要有针对性地研究生态农业的市场需求容量，生态农业技术，管理的流程、规程，从业人员具备的知识和技能，景观生态的美学价值的吸引力、影响力，生物多样性的保持，地方农耕历史文化的积淀，生态农业和农副产品特色加工及服务业的有机衔接等，通过综合分析，组装集成，选择出适合区域自然生态系统的适度经营规模。

3. 创建生态农业的产品和服务品牌

推进生态农业发展，不仅要生产出符合消费者需要的产品和服务，不同地区还应对地域、流域内的农业生态系统的功能，如供给功能（如粮食与水的供给）、调节功能（如调节洪涝、干旱、土地退化以及疾病等）、支持功能（如土壤形成与养分循环等）和文化功能（如娱乐、精神以及其他非物质方面的效益）等进行流程再造、功能组合和资源合理搭配，在不破坏原生态的基础上，强化生态设计和生态产业设计，把农业生态系统的自然调节机制与技术调控手段相结合，把原生型生态与工艺型、艺术型生态紧密结合，形成多层级的食物链、产业链，建立充分利用空间和资源的立体生态系统，并创造出具有特色优势的地域品牌，努力提高生态农业的产品和服务品牌在市场上的认知度，发挥其品牌效应，使生产者、消费者都能够从生态农业的综合功能中获益。

4. 提升生态农业的科技含量

生态农业需要投入一定量的现代科技物化产品，如肥料、饲料、农药、农膜、机械设备等。在生产中，畜禽规模饲养的粪便污染问题，过量施用化学肥料带来的土壤肥力下降、水源污染问题，饲料添加剂的安全问题，畜禽水产品药物残留与卫生质量问题，农膜的白色污染问题等均会导致农业生态系统遭到污染和破坏。因此，如何控制生态农业的自身污染和农业的外源污染问题，消除化肥过量使用、饲料药物超标、农药残留及其有毒有害问题，处理外来生物入侵危害问题，实行有机肥料、生物肥料、生物农药的投入替代问题，以及推行清洁生产方式问题，加强对农业野生植物资源保护和利用问题，加强农业生态环境与农产品质量监管问题等，都需要用现代技术手段和科学的管理方式来解决。应着力开展生态农业的自主创新和科技集成，着眼于不同区域的资源开发、生态维护需求，以尽可能小的资源消耗和环境成本，获得尽可能大的经济和社会效益，从而使经济系统与自然生态系统的物质循环过程和谐共生，逐步建立起"产品资源废弃物再生资源"的循环经济模式，促进资源的永久利用。

5. 培育生态文化

按照联合国"千年生态系统评估"项目的定义，文化功能是生态系统服务功能中的一项重要功能，它是指通过丰富精神生活、发展认知、大脑思考、消遣娱乐，以及美学欣赏等方式，而使人类从生态系统获得非物质效用与收益，主要包括生态系统的美学方面，娱乐与生态旅游方面，文化继承，以及激励、教育功能等。生态文化是生态农业的灵魂，缺少文化的生态农业是残缺的、不健全的。在许多地方，农耕文化被引入市场，不断涌现的"生态文化节""生态文化乡"成为当地发展生态经济产业的载体和卖点。通过生态文化的积淀和生态文明的培育，人们逐渐形成新的生态伦理观、生态道德观，更爱护、尊重生命和自然界，把促进人与自然和谐共处、协调发展作为首要的价值选择，养成尊重自然、爱护自然、崇尚自然的良好社会道德风尚。

总之，生态农业作为我国农业可持续发展的基本模式，要在遵循生态规律和经济规律的条件下，在实践中不断发展，不断完善。倡导生态农业，实现我国现代农业的可持续发展。

参考文献

[1] 李睿. 中国古代农业生产与商业化经济研究［M］. 长春：吉林人民出版社，2020.

[2] 刘雯. 农业经济基础［M］. 北京：中国农业大学出版社，2020.

[3] 李劲. 农业经济发展与改革研究［M］. 北京：中华工商联合出版社，2020.

[4] 杨应杰. 农业经济问题相关研究［M］. 北京：中国农业大学出版社，2020.

[5] 孙芳，丁玎. 农业经济管理学科发展百年［M］. 北京：经济管理出版社，2020.

[6] 刘佶鹏. 农业经济合作组织发展模式研究［M］. 北京：中国农业出版社，2020.

[7] 曹慧娟. 新时期农业经济与管理实务［M］. 沈阳：辽海出版社，2020.

[8] 罗眉. 农业经济增长动能影响要素分析研究［M］. 哈尔滨：哈尔滨工业大学出版社，
2020.

[9] 刘拥军，吕之望. 外国农业经济［M］. 北京：中国农业大学出版社，2019.

[10] 方天坤. 农业经济管理［M］. 北京：中国农业大学出版社，2019.

[11] 张忠根. 农业经济学［M］. 北京：科学出版社，2019.

[12] 张德元. 农业经济学刊［M］. 北京：社会科学文献出版社，2019.

[13] 顾莉丽. 农业经济管理［M］. 北京：中国农业出版社，2019.

[14] 朱俊峰. 农业经济基础［M］. 北京：国家开放大学出版社，2019.

[15] 李永东. 农业经济学［M］. 北京：中国人民大学出版社，2019.

[16] 赵丽红，刘薇. 绿色农业经济发展［M］. 咸阳：西北农林科技大学出版社，2019.

[17] 赵全鹏. 热带农业经济学家，林缵春［M］. 海口：南方出版社，2019.

[18] 施孝忠. 农业经济管理与可持续发展研究［M］. 北京：科学技术文献出版社，2019.

[19] 唐忠，曾寅初. 中国农业经济制度创新研究［M］. 北京：中国农业出版社，2019.

[20] 孔祥智. 21 世纪经济学系列教材农业经济学［M］. 2 版. 北京：中国人民大学出版
社，2019.

［21］陈其鹿著；周蓓. 农业经济史［M］. 郑州：河南人民出版社，2018.

［22］梁金浩. "互联网+"时代下农业经济发展的探索［M］. 北京：北京日报出版社，2018.

［23］赵俊仙，胡阳，郭静安. 农业经济发展与区域差异研究［M］. 长春：吉林出版集团股份有限公司，2018.

［24］张冬平，孟志兴. 农业技术经济学［M］. 北京：中国农业大学出版社，2018.

［25］孙中才. 农业供给侧与经济增长［M］. 北京：知识产权出版社，2018.

［26］江雪萍. 农户的农业经营卷入分工经济的超边际分析［M］. 徐州：中国矿业大学出版社，2018.

［27］赵维清，姬亚岚，马锦生，等. 农业经济学［M］. 2版. 北京：清华大学出版社，2018.

［28］夏英. 农业经济专业知识与实务（初级）［M］. 北京：中国人事出版社，2018.

［29］刘其涛. 中国现代农业经济问题的多角度解析［M］. 北京：中国水利水电出版社，2018.

［30］魏金义. 要素禀赋变化、技术进步偏向与农业经济增长研究［M］. 北京：中国商业出版社，2018.

［31］李宁. 新常态下生态农业与农业经济可持续发展研究［M］. 延吉：延边大学出版社，2018.

［32］邓心安. 生物经济与农业绿色转型［M］. 北京：人民日报出版社，2018.

［33］权哲男. 中国农业改革与农村经济发展［M］. 延吉：延边大学出版社，2018.